KB159884

아직도
정신과 앞에서
머뭇거리는
당신에게

〈일러두기〉

1. 이 책에서 말하는 정서장애 혹은 정신질환명은 정신건강의학과에서 주로 사용하는 용어들이다.

2. 의학적인 내용은 일반인이 이해할 수 있는 범위 내에서 정리했다.

3. 임상 사례의 경우 개인 정보 보호를 위해 일부 각색된 부분이 있음을 밝힌다.

아직도 정신과 앞에서 머뭇거리는 당신에게

허찬희 지음

그래도봄

책을 펴내며

나에게는 소중한 친구 넷이 있다. 강아지 솔이, 몽이, 토토는 열 살이 조금 넘었고, 손자 리오는 다섯 살이 되었다. 주중에는 영주에서 몽이와 토토를 데리고 매일 산책하고, 주말에는 솔이를 데리고 성동구 매봉산 주변을 산책한다. 나는 그들을 귀하게 대한다. 그들도 나를 어미로 생각하는 것 같다. 리오는 종종 수영장에서 만난다. 나이 일흔이 지나니 살아온 삶을 돌이켜보게 되고 남은 생에 대해 자주 생각하게 된다. 손자가 생기고, 나와 비슷하게 생을 마감할 귀여운 친구 셋을 생각하니 나의 인생, 정신과 전문의로 살아온 45년을 정리하는 것도 의미 있는 일이지 않을까 하는 생각이 들었다.

평소 글쓰기를 즐겼다. 그렇다고 책을 써야겠다는 생각은 없었다. 그러다 최근에 나의 환자, 보호자, 정신건강에 관심이 많은 일반인과 동료 치료자들에게 그간의 경험을 소개하고 공유하면서 글로 남겨두어야겠다는 마음이 생겼다. 나의 오랜 임상 경험이 마음의 병을 앓고 있는 누군가에게 도움이 되었으면 하는 바람에서다. 또 책을 쓰는 일이 이제 얼마 남지 않은 나의 인생을 가치 있게 사는 방법이며 소명이라는 생각이 들었기 때문이다.

정신과 의사로 살아보니, 마음의 병은 전적으로 외부의 힘(약물)에만 의존해서는 효과적인 치료가 불가능하다는 걸 알게 되었다. 그 누구보다 환자 스스로가 병의 뿌리를 이해하고 노력해야 한다. 흔히 하는 말로 '도를 닦는다'라고 한다. 이는 결코 허황한 표현이 아니다. 자신의 문제를 들여다보고, 자각하고, 받아들여야 한다. 또한 마음의 병은 그 발병과 관련 있는 부모(양육자)가 함께 이해하고 적극적으로 지지해야 완치의 길로 나아갈 수 있다.

이 책에서는 자신의 병을 이해하고 치료하기 위해 스스로 무엇을 해야 하는지 구체적으로 정리해보았다. 모든 내용은 정신치료(정신분석) 역사에서 중요한 이론들을 기반으로 하였으며 일상의 언어로 쉽게 풀어쓰려 노력했다. 보호자 및 치료자의 마음가짐과 태도에 관해서도 짚어보았다. 교과서에 나오지 않는 나만의 경험과 통찰을 담았다. 무엇보다 젊은 시절부터 이동식 선생님에게 정신치료를 배우며 여러 국제학회에 참석했고, 심포지엄을 조직하고 논문도 발표했다. 국제적으로 저명한 치료자들의 발표가 나의 경험과 일치한다는 사실을 알게 되었다. 그러한 내용들을 다양한 사례를 통해 곳곳에 담으려고 노력했다.

이 책은 크게 4부로 나누어 구성했다. 제1부에서는 오늘날 많은 사람이 보편적으로 겪는 여러 정신질환의 종류 및 증상을 설명했다. 흔히들 감기와 같다고 말하는 우울증에서부터 조현병, 조울병, 공황장애, 강박장애, ADHD 등 우리가 주변에서 만날 수 있는 정서장애들이다. 이해하기 힘든 이론을 다루기보다 각 사례의 원인과 뿌리를 이해하고 치료 방안을 제시하는 데 중점을 두었다. 제2부에서는 마음의 고통에서 벗어나는 여러 방법을 소개했다.

정신질환의 발생 원인과 완치에 이르는 방법들이다. 약물에 대한 오해에서부터 감정에 대한 이해와 치유법, 환자를 대하는 가족들의 올바른 태도에 대해 다루었다. 정신치료에서 가장 기본적인 원리와 원칙은 환자의 감정에 공감하는 것이다. 환자가 자신의 감정을 표현하게 도와주는 일이 우선되어야 한다. 제3부에서는 사이코패스, 자살, 성범죄 사건과 묻지 마 범죄, 총기 난사 사건, 왕따 문제 등 사회적으로 문제가 되는 정신질환의 핵심적인 원인과 이해, 그 해법을 살펴보았다. 제4부에서는 비대면으로 이루어졌던 다양한 상담을 소개했다. 병원에 오기가 꺼려지거나 개인 사정상 직접 진료가 어려운 분들과 온라인에서 공개적으로 나눈 내용들이다. 실제로 사람들이 겪는 고통의 이유는 비슷하다. 환자들의 복잡한 고민을 단순화시켜 효과적으로 해결할 수 있도록 안내했다.

이 책에서 소개한 다양한 정신치료 사례와 방법들을 통해 나의 문제를 인식하고 받아들이는 소중한 기회가 되길 바란다. 곁에서 환자를 돌봐야 하는 보호자나 정신치료(상담) 전문가에게는 유익한 치료 가이드가 되었으면 좋겠다. 내 이야기를 들어줄 한 사람만 있어도 세상을 살아갈 힘을 얻는다는 말이 있다. 얼어붙은 환자의 마음이 풀리고 파릇파릇 싹이 터서 어여쁜 꽃을 피우도록, 이 책이 징검다리 역할을 해준다면 더할 나위 없이 기쁘겠다.

책이 완성되기까지 많은 분이 애써주었다. 나의 글을 독자 관점에서 읽어주고 꼼꼼히 살펴준 마음편한정신건강의학과 박소현 선생, 이주영 선생에게 고마움을 전한다. 언제나 용기를 주고 든든한 지원자가 되어준 허찬욱 원장에게도 감사한 마음을 전한다. 특히 한겨레 이유진 선임기자의 배려와 깊은 조언이 없었더라면 이 책은 빛을 보지 못했을 것이다. 감사하다. 흩어진 글들을 꼼꼼히 살피고 한 권의 책으로 만들어준 그래도봄 출판사에도 고마운 마음을 전한다. 마지막으로 늘 곁에서 나의 인생을 보듬어준 가족에게 고맙다 말하고 싶다.

차례

Part 2

마음의 고통을 덜어내는 법

Part 3

사회 문제 이면에는 개인 내면의 문제가 숨어 있다

Part 4

당신을 위한 비대면 상담실

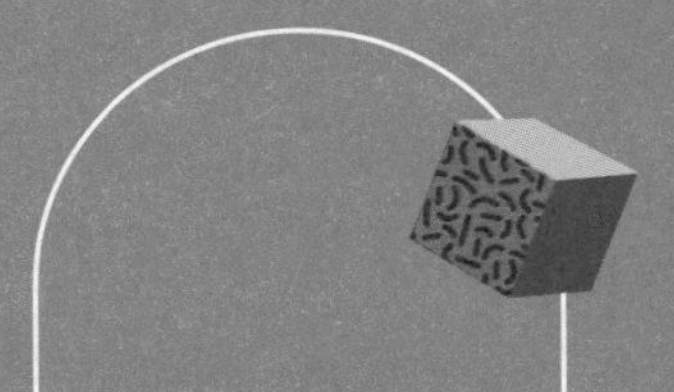

Part 1

이토록 고단한 정신질환의 세계

1979년 경북 성주군 수륜면 주민들을 대상으로 정신질환 치료 실태를 조사한 적이 있다. 당시 상당히 많은 환자가 민간요법으로 정신질환을 치료했던 것으로 기억한다. 예를 들어 '사람이 놀라면 간에 장애가 생겨 정신병이 생긴다'고 생각해 놀란 사람에게 소의 쓸개즙을 먹였다. 또 환자를 진정시키기 위해 부적에 쓰는 천연광물의 일종인 붉은색의 경면주사鏡面朱砂를 돼지 염통에 넣어 끓여 먹이기도 했다. 복숭아나무에 환자를 묶은 뒤 이 나무로 채를 만들어 때리는 특이한 요법도 있었다. 정신질환을 귀신이 붙은 병이라 생각하고, 귀신이 달라붙지 못하는 복숭아나무를 이용한 민간요법이었다.

최근 40대 초반의 한 여성이 밤새 잠을 자지 않고, 옷을 벗어 던지며, 집 밖으로 뛰쳐나가 고함을 치는 등 이상행동abnormal behavior을 보여 입원치료를 하게 됐다. 그 환자는 조상귀신이 나타나서 그렇게 하라고 시켰다고 말했다. 한 달간 적극적인 치료를 받은 환자는 증상이 많이 좋아졌다. 이에 사회적응 훈련을 시작하려던 찰나 환자의 큰언니가 와서 '동생이 조상귀신에 씌어서 그런 것이니 굿을 해야 낫는다'며 예정보다 일찍 퇴원하게 해달라고 한 일이 있었다.

정신질환에 대한 민간요법을 이야기할 때 무당을 빼놓을 수 없다. 인류의 초기 부족사회에서는 최고 지도자가 제사와 정치를 함께 담당했다. 부족을 다스리고 하늘에 제사를 지내며 아픈 사람을 치료하기도 했다. 그 당시 무당은 오늘날의 의사 구실까지 한 것이다. 오늘날 그런 구실을 하는 전문가가 바로 정신과 의사다. 과거 전통이 뒤섞여 내려오면서 민간에서는 정신병 치료에 무당의 역할을 믿는 사람들이 여전히 있다.

현대의학의 발달로 정신질환은 '환경적인 원인과 타고난 소인'이 함께 작용하며 '마음의 병이면서 또한 뇌질환'이라는 사실이 밝혀졌다. 대부분의 정신질환 치료에서 망상이나 이상행동 등과 같은 증상은 약 두 달 동안 적극적으로 약물 및 정신(상담)치료를 하면 나아질 수 있다. 만일 초기 정신병이라면 시기를 놓치지 않고 약물 및 정신치료, 가족치료 등 가능한 모든 방법을 동원해 적극적으로 치료해야 한다. 이미 만성으로 경과 중이라면 꾸준한 약물치료를 통해 재발을 막고 재정적 손실과 인격의 황폐화를 막아야 한다. 정신질환은 더이상 불치병이 아니다. 고혈압이나 당뇨병과 같은 만성질환처럼 지속적으로 관리하면 된다.

정신의학에서 빼놓을 수 없는 인물인 지그문트 프로이트Sigmund Freud도 최면술을 이용해 환자 치료를 시도했지만, 그 효과가 일시적이라는 사실을 알게 됐다. 마찬가지로 무당이 하는 굿을 통해 일시적으로 증상이 완화될 수 있다. 하지만 정신질환은 단기간에 해결되는 병이 아니라 일생에 걸쳐 꾸준히 관리해야 한다. 잘 관리하면 재발을 막을 수 있다는 사실을 꼭 기억하기 바란다.

우울증

상처의 뿌리부터 치료해야 한다

얼마 전에 있었던 일이다. 30대 중반 여성이 다량의 수면제를 한꺼번에 먹고 정신이 몽롱한 상태에서 자살을 기도했다. 그는 가까운 병원으로 옮겨져 치료를 받은 뒤 정신건강의학과에 입원했다. 몸 상태가 다소 회복되자 여성은 병원의 다른 환자와 자주 다투고 사소한 일에도 의료진에게 과도하게 화를 냈다. 그는 마음속에서 엄청난 화가 올라오고, 특별한 일이 없음에도 막연히 불안하고 두려운 감정이 든다고 호소했다.

그와의 심층 면담을 통해 우울증depression이 어떻게 생기고 진행됐는지 함께 이해하는 시간을 가졌다. 자살을 기도하게 된 이유를 물으니 자신이 '혼자라는 느낌이 들고 불안과 공포가 계속돼 차라리 죽는 게 낫겠다' 하는 마음이 들었다고 한다. 의사는 자살 기도를 하는 우울증 환자를 치료할 때 반드시 자살에 이르는 심경과 자살을 결심하게 된 배경을 확인하는 것이 중요하다. 그는 5년 전에도 자살을 기도했으며, 당시에도 여섯 달 동안 병원에서 입원치료를 받은 적이 있다고 했다. 이유는 이번과 같다고 털어놓았다.

여기서 반복되는 자살 기도의 동기가 같다는 사실에 주목해야 한다. 원인이 되는 감정을 이해하고 극복하는 것이 자살을 방지하고 환자의 우울증을 이해할 수 있는 열쇠가 된다. 이 여성의 경우 여섯 살쯤에 부모가 이혼하고 그 뒤 새어머니와 아버지 밑에서 자랐다. 어린 나이에 이복동생을 돌보고 과도하게 집안일을 거들어야 했던 여성은 결국 중학교를 중퇴하고 가출했다. 청소년기에는 마트 등에서 아르바이트를 하다가 어른이 되어서는 야간 업소에서 일하며 혼자 살았다. 이때에도 종종 '자신이 혼자라는 느낌'이 들었고, 그런 생각이 들 때면 갑자기 불안과 공포심에 젖어들었다고 한다.

좀 더 자세히 들어보니 여성이 여섯 살 때 갑자기 엄마가 보이지 않아 며칠 동안 울었고 어느 날 느닷없이 새엄마라고 하면서 배가 부른 여성이 집에 나타났다고 한다. 그 당시 아이가 경험한 감정이 바로 엄마가 갑자기 사라지며 이 세상에 혼자 버려졌다는 공포심이다. 현재의 막연한 분노와 공포심은 엄마가 떠나고 난 뒤 한없이 울 때의 심정이라고 볼 수 있다.

효과적인 우울증 치료를 위해서는 현재 고통받는 우울증의 뿌리가 어린 시절 자신이 경험한 정서적 상처에서 비롯됐음을 알아야 한다. 그것이 해결되지 않으면 일생에 걸쳐 자신을 지배한다는 것을 말이다. 겉으로 드러나는 원인이나 한번 지나가는 사건에 매달리면 근본적인 원인을 놓치게 된다. 치료가 잘 진행되면 어린 시절 버려졌다는 공포심에서 빠져나와 지금은 그렇게 절망적인 상황이 아니라는 사실을 깨닫게 될 것이다. 또 어린 시절의 상처가 현재에는 없음을 깨닫고, 비로소 과거의 감정에서 서서히 벗어나게 될 것이다. 자각(깨달음)이 곧 치유다.

산후우울증

묵은 정서적 문제
때문일 수도 있다

한 여성이 친정어머니와 함께 병원을 찾았다. 가족들이 보기에 우울증인 것 같다며 언니들이 정신과 상담을 권유했다고 한다. 내원 당시에는 외견상 고통이 드러나 보이진 않았다. 그는 이제 막 돌이 지난 둘째 아이를 낳을 때부터 만사가 귀찮아져 집안일을 거의 하지 못할뿐더러 아이 돌보는 일이 힘겹다고 했다. 또 자신은 이 세상에서 별로 가치 없는 존재라고 생각하고, 멍하게 넋을 잃은 사람처럼 지내거나 자살 생각을 자주 한다고 말했다. 병력을 들어보니 여섯 살인 첫째 아들이 태어났을 때도 비슷한 증상이 있었다. 전형적인 '산후우울증' 증상이었다.

심층 면담을 통해 그의 어릴 적 정서적 경험을 살펴봤다. 그는 딸 넷 가운데 막내로 태어났다. 부모가 모두 직장생활을 한 탓에 가사도우미의 보살핌을 받으며 자랐다. 어릴 적에 고집이 매우 세서 아침마다 출근하는 엄마를 따라가겠다고 떼를 쓰는 바람에 언니 세 명과 가사도우미가 날마다 말리느라 전쟁이었다고 한다. 하는 수 없이 집 안으로 이끌려 들어오면 고집을 부린다고 아버지에게 야단을 자주 맞았다. 초등학교 시절, 학교를 마치고 집에 오면 텅 빈 집에 가사도우미가 혼자 자고 있을 때가 많았는데, 심심해서 깨우면 신경질을 부렸다고 회상했다.

사실 부모 중 누군가 집에 있는 것만으로도 자녀들에겐 큰 힘이 된다. 아이들은 부모가 집에 있는 것을 확인하면 안심하고 밖에 나가 편안한 마음으로 남들과 어울리며 인격이 자라게 된다. 부모가 맞벌이거나 다른 이유로 집을 비우게 되면 이런 점들을 고려해 슬기롭게 대처해야 한다. 밖에서 아이들에게 자주 전화하거나 출근 전 메모를 남기거나 가끔 집에 들러보는 것도 좋다. 다양한 방법을 통해 항상 자녀들에게 관심을 기울이는 것이 바람직하다. 이 환자의 경우 훗날 아버지의 외도로 부부 사이가 나빠져 어머니가 집 밖으로 다니는 경우가 많아졌다. 이 때문인지 그는 언니들에 견줘 과도하게 어머니와 친밀한 관계를 유지하면서도 아버지에게 매우 공격적인 태도를 보였다.

이처럼 성장해서도 어머니에게 지나치게 의존하는 것은 대부분 어릴 적에 의존할 수밖에 없었던 상황을 보상받으려는 '집착' 때문이다. 이런 경우 출산 뒤에 산후우울증이나 인생 후반기에 갱년기 우울증을 심하게 앓는 경우가 허다하다. 이 환자의 경우 큰아이가 특별히 자기를 잘 따르고, 말을 잘 듣고, 모자 관계가 좋다고 말하지만, 자기와 떨어지는 것을 매우 두려워한다고 말했다. 실제 어머니와 건강한 관계를 형성하지 못하고 의존적 상태에 머물러 있는 것이다. 결국 아이가 독립적이고 건강한 인격체로 자라나지 못한 것이다.

부모와의 관계가 해결되지 않은 상태에서 아이를 갖게 되면 심한 불안감과 함께 부담감, 무력감에 시달리게 된다. 산모 자신이 아직 정서적으로 어린애인데 아이를 낳아 기른다는 현실을 감당하기엔 힘이 드는 것이다. 물론 개인에 따라 출산의 의미가 다르므로 단정 지을 수는 없다. 대부분 건강한 산모의 경우 아이를 낳고 기르는 일은 인생에서 축복이고 희망이며 설렘이다. 아이를 낳았다고 해서 모두 산후우울증이 생기는 것이 아니다. 치료를 위해선 출산과 관련한 일반적인 문제와 더불어 개인이 겪었던 정서적 갈등을 중점적으로 이해하고 다뤄야 한다.

조현병

마음의 상처를
살펴야 한다

국립정신병원에서 근무할 때의 일이다. 지금은 조현병schizophrenia으로 부르는 정신분열병으로 지난 15년 동안 열 차례 이상 입원한 40대 초반의 여자 환자가 또다시 입원했다. 그는 심한 환청에 시달리고 가족들에게 폭력적인 행동을 보여 입원하게 됐다. 정신분열병 환자들 가운데 상당수가 그렇듯 그도 증상 악화와 호전을 반복하면서 여러 차례 입원하는 만성 경과를 밟고 있었다.

그 환자는 오빠 한 명에 언니가 두 명 있었으며 다섯 살 때 여동생이 태어났다. 그는 당시에 '내가 가족들 사이에서 더는 귀여움을 받는 존재가 아니구나, 동생에게 밀려나 더이상 어리광을 부릴 수 없구나' 생각했다고 한다. 그는 가족 안에서 자기 자리가 없다고 느껴 늘 근처 개울가에서 노는 등 집 밖을 돌아다녔다. 일찍부터 가출해 많은 남자와 사귀기도 했다. 결국 사춘기와 청소년기에 '행실이 불량한 아이'라는 낙인이 찍혔다.

가족치료 도중 그의 70세 노모가 환자의 심정을 듣고 뜻밖에도 '농사와 가사에 바빠 아이를 돌보는 데 소홀한 것이 맞다'라고 인정했다. 이 말을 듣고 환자는 가족으로부터 이해받은 느낌이 들어 치료 경과가 좋아졌다.

조현병은 일단 증상이 호전되면, 재발을 방지하고 치료 뒤에도 사회생활에 잘 적응할 수 있게 몇 가지 유의해야 할 사항이 있다. 먼저 치료자나 가족은 환자의 정신병적 증상에만 매달려서는 안 된다. 그러면 치료 효과가 떨어진다. 먼저 환자가 살면서 겪은 마음의 상처를 살피고 이해해야 한다.

미국의 존스 홉킨스 의과대학교 정신과에서 정신과 의사 각자의 진료 기록 성향을 검토 연구한 적이 있다. 그 결과, 환자의 증상에 대한 기록보다 환자의 개인 생활사에 대한 관심을 바탕으로 기록한 의사의 진료가 치료 효과면에서 훨씬 낫다는 보고가 있다. 결국 효과적인 치료는 '치료자와 환자의 신뢰 관계'에 달려 있다. 치료자가 진심으로 자기를 도우려는 마음이 있다는 사실을 환자가 느낄 때 비로소 치료가 시작된다. 만약 새로운 담당 의사가 환자와 면담도 하지 않은 채 과거 의사의 진료 기록에만 의존해 약만 재처방하면 환자는 진심으로 치료자를 믿지 않게 된다.

정신병의 치료 과정은 '마라톤'을 하는 것과 비슷하다. 그러나 대부분 환자나 가족들이 먼저 포기한다. 하지만 주치의는 마지막까지 포기하지 않는 최후의 보루가 되어야 한다. 환자는 가족이나 주변 사람들로부터 외면당하고 소외당하는 느낌으로 살아가는 사람이다. 한 사람이라도 지지의 끈을 놓지 말아야만 환자는 그 힘에 의지해 다시 일어서려는 마음을 가질 수 있다.

치료자가 환자의 정서적 고통에 꾸준히 관심을 가지면 치료 효과가 더욱 좋아진다. 병의 원인으로 '환경적인 요인'과 '유전적 소인'이 모두 작용하지만, 가족들 스스로 환경적 요인으로서 가정환경이 중요하다고 받아들이면 치료 예후가 훨씬 좋아진다.

조울병

약물치료와 더불어
감정을 돌봐야 한다

최근 조울병으로 치료받던 남학생이 서울 명문대학 수시모집에서 합격 통보를 받았다는 반가운 소식을 들었다. 그 학생은 중학교 2학년 때부터 약 5년 동안 조울증manic-depressive illness으로 치료를 받아왔다. 한 번 재발해 길지 않은 기간 동안 입원치료를 받은 적도 있었다. 조울병이란 기분장애의 대표적인 질환이다. 기분이 들뜨는 조증mania이 나타나기도 하고, 기분이 가라앉는 우울증이 나타나기도 한다. 그래서 조울병을 '양극성 장애bipolar disorder'라고도 한다.

어릴 적 이 학생은 집에 들어오면 항상 허전하고 외로웠다고 한다. 부모는 모두 교사로 학생은 아침에 부모가 출근하려고 하면 따라가겠다며 떼를 썼다고 한다. 그에게 비친 어머니의 모습은 '반응을 잘 해주지 않는 엄마'였다. 초등학교 교사인 어머니는 일을 마치고 귀가하면 매우 피곤해했다. 아이 마음에 어머니는 담임을 맡는 학생을 더 좋아하고 자신에겐 무심하다고 느꼈다. 어머니가 자신을 방치했다는 느낌이 들 때면 그는 주체할 수 없는 분노로 화를 내곤 했다. 아이의 문제를 체감한 부모는 가족치료를 함께 받았다. 먼저 자신들의 정서적 문제를 극복하더니 이후 자녀에게 공감을 잘하게 됐다. 또 끊임없이 반복되는 아이의 불만을 받아줄 수 있게 되었다.

정신치료는 환자의 과거 감정을 정리하는 작업이다. 환자의 현재 상황이 달라졌는데도 과거에 느꼈던 감정에 지배를 받고 있다는 것을 깨달으면 치료 반응이 좋다. 노이로제는 현재에 살지 못하고, 과거의 느낌에 머물러 있거나 미래를 앞당겨 걱정하면서 사는 것이다.

조울병 치료에는 전통적인 치료약인 리튬과 더불어 새롭게 개발된 기분조절제와 항정신병 약물 등을 사용한다. 이들 약으로 급성기 증상을 우선 치료하고 재발 방지를 위해 약 복용을 유지하면 효과적으로 조울병을 치료할 수 있다. 무엇보다 환자의 고유한 정서적 갈등을 이해하고 이를 극복해나가는 정신치료 작업을 함께해야 한다. 환자의 심리적 이해와 약물치료를 병행하면 재발 방지에 더욱 효과적이다. 재발하더라도 회복 과정이 빠르고, 재발이라는 몸살을 앓고 난 뒤 일어나는 여러 가지 심리적인 부작용 역시 최소화할 수 있다.

정신병적 증상을 겪고 나면 대부분 심한 자책감과 스스로 초라해지는 열등감이 생겨 자존감에 상처를 받는다. 또 자신의 감정을 강하게 폭발하고 나면 죄책감을 느낀다. 남들 앞에 서면 주눅이 들고 위축감이 생기기도 한다. 급성기 뒤에 나타나는 신경증적인 증상들이 해결되지 않은 채 지속되면 정신병적 증상의 재발을 촉진하게 된다.

그러니 조울병 환자의 효과적인 치료를 위해서는 과도하게 기분이 들뜨거나 우울해지는 등의 일차적인 증상뿐만 아니라 여러 이차적인 심리적 부작용을 주의 깊게 다루고 치료해야 한다. 그래서 약물치료와 더불어 정신치료적 접근을 통합한 포괄적인 치료 계획을 세우는 것이 중요하다. 그래야만 재발하더라도 환자가 자신의 능력을 발휘할 수 있는 건강한 인격 기능을 유지할 수 있다.

특히 이 학생은 조울병 치료의 긴 여정 가운데 짧은 기간에 걸쳐 병이 재발하곤 했다. 지속적인 회복 과정에서 완치 상태에 이르는데 가장 중요한 역할을 한 것은 다름아닌 '부모의 태도'였다. 학생이 비록 상태가 나빠져 다시 입원해야 하는 상황에서도 부모가 당황하지 않고 담담하게 대처했다. 그 의젓한 태도가 환자 치유에 중요한 인자로 보인다. 부모는 조울병의 속성상 재발할 수도 있다는 사실을 받아들이고 놀라지 않았다. 환자는 자신의 상태에 대한 보호자의 태도에 따라 심하게 흔들리기도 하고, 별일 아닌 것처럼 담담하게 받아들이기도 한다. 이 학생의 경우 부모의 의연한 태도로 환자 자신도 조울병 치료의 긴 여정 동안 심하게 흔들리지 않고 슬기롭게 극복할 수 있었다.

공황장애

만성 불안과 억압된 울분을
표현해야 한다

한 중년 남성이 직장에서 갑자기 숨이 막히고 심장이 멎을 듯한 공포를 느껴 응급실을 거쳐 나를 찾아왔다. 내과에서 여러 검사를 해도 특이한 이상 소견이 발견되지 않아 정신건강의학과로 진찰 요청이 온 것이다. 병력을 들어보니 과거에도 여러 번 같은 증상으로 응급실을 찾은 적이 있었다. 그는 가슴이 심하게 두근거린다고 말했고 실제로도 맥박이 매우 빨랐다. 갑자기 쓰러져 죽을 것만 같다고 응급 처치를 요구하기도 했다. 증상으로 보아 '공황장애panic disorder'가 의심됐다.

과거에는 이 공황장애를 '불안 발작anxiety attack'이라고도 했다. 심한 불안과 공포증이 갑자기 발생하기 때문이다. 발작이 없는 기간에는 비교적 사회생활을 잘한다. 하지만 발작이 생기면 환자는 매우 다급해지고 초조함을 느낀다. 갑작스럽게 불안이 엄습해 공포 상태에 빠지면 가슴이 답답하고 숨이 차며 식은땀을 흘리거나 현기증, 어지러움, 또는 기절할 것 같은 느낌이 들기도 한다. 승강기 같은 폐쇄된 공간을 피하게 되고 버스나 기차, 비행기 등 사방이 막힌 운송기관조차 두려워한다.

불안과 공포 증상이 심해져 가쁜 호흡을 쉬다가 '과호흡증후군hyperventilation syndrome'에 빠지기도 한다. 과호흡이 지속되면 심한 두통을 호소하고 손발이 저리다가 심하면 전신경련 증상이 생길 수 있다. 과호흡이 발생한 경우 병원에 도착하기 전에 일차적으로 신문지 같은 종이로 깔때기를 만들거나 종이봉투를 이용해 자신이 내뱉은 공기를 다시 들이마시게 하는 것이 좋다.

공황장애 환자는 발작이 없는 기간에도 그런 일이 또 생길 것에 미리 걱정하는 '예기불안'에 시달리기도 한다. 많은 환자가 마치 자신이 심각한 심장병에 걸렸다고 걱정하는 '건강염려증'이 생기기도 한다. 아울러 발작이 일어났던 곳과 비슷한 장소나 상황을 피하려는 행동을 보이거나, 혼자 있기를 두려워하고 외출할 때는 반드시 가족 등과 동행하려 한다. 고속도로에서는 응급 의료기관의 이용이 어려울지도 모른다는 생각에 공포심마저 느끼기도 한다.

공황장애의 효과적 치료를 위해서는 진단과정에서 우선 심장 검사를 포함해 신체질환이 있는지 철저하게 조사해야 한다. 치료자는 확실한 진단 뒤에 병에 대한 특징과 증상을 상세하게 설명해주는 것이 중요하다. 진지하고 성의 있는 태도로 의학적 근거에 따라 설명해야 한다.

지금은 공황장애 치료에 매우 효과적인 약물이 개발되어 좋은 치료 결과를 얻고 있다. 공포증은 심리적으로 무슨 일이라도 조급하게 성취하려고 하는 의존적 성격에서 흔히 볼 수 있다. 심층심리학depth psychology에서는 인간의 마음속에 해결되지 않은 적개심이 쌓여 그것이 효과적으로 처리되지 않아 생긴다고 한다. 따라서 마음속에 응어리져 있는 억압된 분노와 불만을 효과적으로 처리하는 정신치료와 더불어 약물치료를 함께하는 것이 가장 효과적이다.

거식증

가족치료를 함께하면 효과적이다

한 여고생이 스스로 거식증anorexia이라고 하면서 어머니와 함께 방문한 적이 있다. 몸무게가 비만에 해당하지 않는데도 살이 찌는 것이 두려워 지나치게 식사량을 줄이다가 한 번씩 폭식한다고 했다. 폭식은 주로 아무도 모르게 늦은 밤에 할 때가 많고 폭식 뒤에는 스스로 구토를 유도한다고 말했다.

임상 경험을 통해 볼 때 거식증 치료에서 가족이나 치료자들이 염두에 두어야 할 점은, 거식증 환자는 생각보다 심각한 마음의 상처가 있다는 사실이다. 하지만 외견상 잘 모를 수도 있다. 환자 스스로 정서적 고통이 없이 거식증이 생겼다고 말하기도 한다. 자기는 스트레스가 될 만한 일이 없다고 부정한다. 그러나 자세히 들여다보면 자신의 갈등을 스스로 받아들이거나 드러낼 수 없는 상황인 경우가 많다. 겉으로 드러나는 문제가 없어 보여도 환자에게 말 못 할 마음의 고통이 있을 것으로 보고 이해하려는 노력이 필요하다. 게다가 정서적 고통의 깊이가 예상보다 깊을 수 있으니 치료를 서두르지 않아야 한다. 급하게 서둘러서 환자의 정서적 문제를 이해하려고 하면 오히려 치료를 그르치게 된다.

한 예로 두 자매 중 언니가 거식증 환자였다. 언니는 어릴 때는 맏이로서 가족의 관심을 독차지하다가 여동생이 자라면서 외모가 예뻐지고 소위 유명 예술고등학교에 입학하며 주변 상황이 바뀌었다. 가족들의 관심이 동생에게 쏠리자 서운한 마음과 소외감이 생겼을 것으로 보인다. 하지만 언니로서는 가장 가까운 자매 사이에서 경쟁심과 질투심이 일어난다는 사실을 받아들이기 힘들 뿐만 아니라 이러한 감정을 내색하기가 어렵다. 이런 경우 치료자나 가족들이 조급하게 언니의 심정을 드러내도록 밀어붙여서는 안 된다. 환자는 안심하고 무슨 말이라도 할 수 있다고 느낄 때 자신의 속마음과 고통을 스스로 털어놓게 된다.

거식증을 치료할 때는 가족치료를 함께하는 것이 효과적이다. 위의 예시처럼 특히 딸이라면 어머니와 함께 가족치료를 하는 것이 바람직하다. 딸들의 경우 부모에게 인정받고 싶은 마음과 더불어 특히 어머니 그리고 자매 사이의 섬세한 정서적 문제가 작용하기 때문이다. 얼핏 보기에는 모녀 관계가 좋고 불만이 없어 보이지만, 실상은 자녀가 부모의 관심을 얻기 위한 태도일 수 있다. 사랑받기 위해서는 분노를 감춰야 하니 직접 표현할 수 없고, 오히려 자신에게 해를 주는 방법을 찾는 것이다. 청소년 중에 자신의 불만을 표현할 방법이 없어 자해를 시도하는 경우를 자주 본다. 거식증도 고통의 표현이며 자해와 유사한 의사소통의 방법이다.

가족들은 인내심을 갖고 환자의 깊은 정서적 고통을 이해하려는 노력이 필요하다. 격려한답시고 증상에 대해 가볍게 말할 때 환자는 위로를 받기보다 오히려 자신의 고통을 몰라준다고 받아들인다. 대신 환자의 고통에 대해 심각하고 진지하게 다가가면 자신의 마음을 이해받는다는 느낌이 들어 더욱 안심한다. 일반적으로 환자는 스스로 치료를 포기하려 하고, 그다음에는 가족들이 화가 나서 환자의 치료를 포기하게 된다. 가족들은 이 상황에 말려들지 않아야 한다.

치료자는 거식증 환자가 음식 섭취와 관련한 부적절한 행동을 조절할 수 있도록 도와야 한다. 그뿐만 아니라 거식증의 정신병리가 외견상 보이는 것보다 더 심각하다는 것을 고려해 약물치료를 함께하는 것이 바람직하다. 요약하면 치료자는 환자의 고민을 도와주려는 노력을 서둘지 말아야 한다. 소위 정신병은 아니지만 소량의 항정신병 약물을 처방하는 것도 도움이 될 수 있다.

강박장애

마음의 고통을 직면하고
받아들여야 한다

최근 한 대학병원의 신경외과 교수로부터 연락이 왔다. 정신분열병 혹은 강박장애obsessive-compulsive disorder 환자를 치료하기 위해 뇌수술을 했는데 효과가 좋게 나타났다는 것이다. 그러면서 혹시 해당하는 환자가 있으면 추천해달라고 했다. 오래전부터 강박장애가 심한 경우 그 치료를 위해 뇌수술을 시행하였다. 이는 심한 강박장애의 치료가 얼마나 어려운지를 보여준다.

강박장애란 자신의 의지와 상관없이 어떤 특정한 생각이나 행동을 시도 때도 없이 반복적으로 하게 되는 상태를 말한다. 예를 들어 마음속 분노와 죄책감을 극복하기 위해 손이 갈라질 때까지 온종일 손 씻는 일에 매달리는 것이다. 강박장애 역시 정신장애의 한 종류다. 어떤 이유로 기분이 상했지만 그 문제가 원만하게 극복되지 않으면 정신장애가 생기게 된다. 감정에는 여러 종류가 있는데, 그 가운데에서도 정신장애와 가장 관련이 있는 것이 분노와 불안이다. 이런 감정을 효과적으로 수습하지 못하고 억압하면 정신장애가 생긴다.

사람은 화난 감정이나 불안을 받아들이거나 해결할 수 없을 때 그것을 잊을 방법을 찾는다. 받아들이기 힘든 괴로운 감정을 벗어나기 위한 여러 방안의 하나로 강박장애라는 증상을 만들어 거기에 매달리는 것이다.

최근 한 여학생이 송곳이나 칼끝과 같은 뾰족한 물건을 끊임없이 생각하는 강박장애에 빠져 면담을 한 적이 있다. 상담해보니 얼마 전 부모가 이혼했다고 한다. 부모 사이가 원만하지 않아 학생이 초등학교 다닐 때부터 부모는 별거했다. 학생은 이를 눈치챘지만 현실로 받아들이기가 너무 힘들었다고 한다. 그래서 알면서도 경제적인 문제를 해결하기 위해 떨어져 산다는 부모의 변명을 믿기로 했다. 마음속으로는 매우 불안했지만, 애써 별일 없는 것처럼 자신의 진짜 감정을 억압하고 살았다. 학생은 이후 점점 마음속의 불안을 해소할 길이 없었고 두통이 생겼다. 급기야 몸에 심각한 병이 생긴 것 같다고 걱정하다가 최근에는 뾰족한 물건을 끊임없이 생각하는 강박장애에 시달리게 됐다.

현실에서 닥친 불안 심리를 벗어나려다 보니 더 심각한 고민거리를 만들어 거기에 빠져드는 방법을 찾은 것이다. 학생은 괴로운 감정에서 벗어나고자 실제 현실과 관계없는 강박 증상에 매달렸다. 강박장애란 결국 자신의 진짜 감정을 피하고 대신 가짜 고민거리를 만들어 거기에 매달리는 증상인 셈이다.

강박장애 환자는 자신의 실제 고통을 받아들이기 힘든 경우 강박 증상으로 도피한다. 그러나 주변 가족의 도움과 더불어 그 감정을 받아들일 힘이 생기면 강박 증상을 버리고 자기 마음의 고통으로 돌아온다. 치료를 위해서는 그 증상을 없애도록 애쓰기보다 환자의 마음의 고통이 무엇인지 이해하려는 노력이 필요하다. 괴로운 감정을 피하지 않고 느끼는 것은 강박 증상에 매달려 허우적거리는 것보다는 건강한 상태라고 볼 수 있다. 정신건강이란 궁극적으로 마음의 고통을 직면하고 받아들이는 것이다.

ADHD

꾸지람보다는 약물치료가 먼저다

'주의력결핍 과잉행동장애ADHD'는 아동기에 흔히 관찰되는 질환 중의 하나다. 주의가 산만하고 과다 행동 및 충동적 행동 등의 증상을 주로 보인다. 집이나 학교에서 가만히 있지 못하고 자리에 앉아도 안절부절못하며 지나치게 많이 움직이고 부산하다. 천방지축이라는 말을 듣기도 한다. 학교에서는 선생님 지시에 따르지 않아 여러 번 지적당하지만 잘 고쳐지지 않는다. ADHD는 교사의 훈육으로는 쉽게 바로 잡을 수 없다. 또 사소한 자극에도 폭발적인 반응을 하고 쉽게 울거나 웃거나 한다. 충동적이며 참고 기다릴 수 없는 것이 특징이다. 이들은 자주 사고를 내며 정서장애가 심하고 상대방에게 공격적인 경향을 보이기도 한다.

이 질환의 원인은 현재로서는 정확하게 알려진 바가 없다. 중추신경계의 뚜렷한 구조적 결함의 증거는 없다. 해부학적으로 나타나지는 않지만 뇌의 미세한 변화가 있는 것으로 추정되며 지속적으로 연구하고 있다. 또한 ADHD가 가진 심리사회적 요인과 생물학적 요인에 대한 연구도 진행 중이다. 평균 학령기 소아에서 이 질환의 유병률은 100명당 5명 정도이며(3~8퍼센트), 심각하지 않은 경우까지 포함하면 10퍼센트가 넘는다고 한다. 정신의학적 면담과 행동평가척도 검사를 통해 대부분 쉽게 진단할 수 있다. ADHD는 크게 두 가지의 주요 증상이 있다. 주의산만과 과잉행동이다. 그리고 이 두 가지의 혼합형도 있다.

ADHD에는 약물치료가 효과적이다. 환자의 약 80퍼센트가 분명한 호전을 보이며, 집중력, 기억력, 학습능력이 전반적으로 좋아진다. 또 과제에 대한 흥미와 동기가 강화되어 수행능력이 좋아진다. 더불어 주의 산만함, 과잉행동과 충동성이 감소한다. 부모님과 선생님 말에도 잘 따르며 긍정적인 태도를 보인다.

ADHD는 청소년기가 되면 증상의 상당 부분이 호전되는 것으로 알려져 있다. 그럼에도 아동기에 적극적인 약물치료를 통해 증상을 개선하는 것이 중요하다. 학령기에 치료를 소홀히 하면 학습을 해야 하는 중요한 시기에 그 기회를 놓치게 된다. 그러면 뒤늦게 학교수업을 따라가기가 힘들어진다. 또한 충동적이고 산만한 행동 때문에 꾸지람을 자주 듣게 되고, 주변에서 말 안 듣는 문제 아이로 평가받기도 한다. 이러한 평가는 아이 스스로 자신을 나쁜 아이, 문제가 많은 아이로 생각하게 한다. 자신감이 없어지고 또래에게 따돌림을 당하는 등 장차 대인관계에 심각한 장애를 초래할 수 있다.

ADHD 아동들의 행동을 교정하기 위해 설득이나 훈계를 하는 것은 좋은 방법이 아니다. 아동의 의지로 이러한 행동을 조절하기가 힘들다는 사실을 보호자나 교사들이 알아야 한다. 스스로 조절하기 힘든 것을 억지로 강요할 때 자존심의 손상과 더불어 패배감, 열등감 등의 부작용이 생긴다. 따라서 '주의력결핍 과잉행동장애' 아동의 경우 설령 나이가 들면서 증상이 호전된다고 해도, 학령기에 적극적인 약물치료를 통하여 중요한 학습의 기회를 놓치지 않아야 한다. 자신감을 가지고 건강한 교우 관계를 유지할 수 있도록 도움으로써 이 질환의 일차적 증상으로 발생하는 이차적인 부작용을 막아야 한다. 앞으로 펼쳐질 아이의 삶을 위해서라도 말이다.

알코올중독

밑바닥에 깔린
갈등을 발견해야 한다

얼마 전 수행을 위해 한국에 온 외국인이 병원을 찾았다. 그는 습관적으로 술을 마시고 술에서 깨면 기분이 우울해지고 자책감에 빠진다고 호소했다. 술만 끊으면 아무 문제가 없다며 알코올중독에서 벗어날 수 있게 도와달라고 했다. 우선 그렇게 절실하게 원하는데도 왜 술을 끊을 수 없는지 물어보았다. 그는 술을 많이 마시진 않았다. 맥주 한두 병 정도만 마셔도 너무 행복하고 기분이 좋아진다고 했다. 그의 대답을 듣고는 술 문제 이전에 이미 '평소에 자신이 불행하다고 느끼고 마음이 편치 않다'라는 점을 지적했다. 그는 오랫동안 수행을 해온 터라 이 말의 뜻을 금방 알아채고 움칫 놀라는 기색을 보이다가 한동안 말이 없었다.

알코올중독은 습관적인 음주만의 문제가 아니다. 음주 이전에 개인의 정서적인 문제가 원인일 수 있다. 알코올뿐만 아니라 인터넷 게임, 도박, 마약 중독은 하나의 증상일 뿐 그 밑바닥에 깔린 마음의 갈등을 함께 이해하고 다뤄야 효과적인 치료를 할 수 있다.

이 환자에게는 평소 자신의 마음이 괴롭고 불행한 이유를 탐구하는 것이 알코올중독의 치료뿐만 아니라 수행에도 도움이 될 거라고 조언했다. 평소의 삶이 행복하면 술에 의존해 해결하려는 경향이 줄어든다. 그는 어린 시절 아버지를 백혈병으로 일찍 여의고 형제 없이 자랐는데, 학창 시절에 친구들과 술을 마시고 들어오면 어머니가 엄청나게 화를 내던 장면이 아직도 생생하다고 말했다. 어머니는 아버지의 음주로 끊임없이 갈등을 빚었기 때문에 술 문제에 특히 예민했던 것이다. 술뿐만 아니라 어머니로부터 받아온 질책 때문에 자신이 아버지처럼 못난 사람이라는 부정적인 이미지가 심어져 있었다. 어머니에게 못난 아이로 취급받으며 열등감 속에서 살아온 것이다. 좀 더 심층적인 면담을 진행하자 그는 음주 전 평소 느끼던 열등감과 불행감에서 벗어나기 위해 스스로 수행을 시작했다는 걸 깨달았다. 또한 음주 뒤에 찾아오는 자괴감과 우울증의 의미를 알게 됐다.

그는 심한 열등감에서 벗어나기 위해 무의식적으로 항상 인정받고 존경받는 사람이 되어야 한다는 강박에 사로잡혀 있었다. 일상생활에서 느끼는 불행은 어머니 및 다른 사람에게 인정받을 수 없을 거라는 그릇된 감정에서 비롯된 것이다. 면담 후 그는 현재 자신의 능력과 수준을 있는 그대로 받아들이는 것이 고통에서 벗어날 수 있는 길이며 이런 태도를 견지하는 것이 최고의 수행임을 이해하는 것 같았다. 발바닥이 지면을 밟고 있어야 마음이 편안하고 안심이 되는 법이다. 공중에 떠 있으면 허공에 떠 있는 정도에 비례해 불안과 우울 증상이 심해질 뿐이다.

미국의 유명한 정신분석가인 에릭 에릭슨Erik Homburger Erikson은 인격발달에서 가장 중요한 것은 어머니와의 관계에서 오는 '믿음'이라고 했다. 그의 주장에 따르면, 어머니의 과도한 간섭이나 질책은 자녀의 열등감의 원인이 된다. 어머니로부터 존중받고 자라면 스스로에 대한 믿음이 싹트고 자존감이 자라 건강한 인격체로 성장하게 된다. 정신건강이란 성장 과정에서 어머니와의 '기본적 믿음basic trust'에 따라 좌우된다는 사실을 잊지 말아야 한다.

악몽

괴로운 감정을 보듬으면
무서움도 사라진다

정신과 진료를 하다 보면 무서운 꿈 때문에 시달리고 괴로워하는 사람을 자주 보게 된다. 심한 정신질환뿐만 아니라 일반인의 경우에도 악몽 때문에 종종 문의를 해온다. 꿈의 내용은 의식적으로 변화시킬 수 있는 것이 아니라 쉽게 해결할 수 있는 문제가 아니다.

임상 경험을 바탕으로 악몽을 꾸는 사람들이 전문가를 찾기 전에 스스로 시도해볼 만한 방법을 권해볼까 한다. 우선 잠자리에 들기 전 그날 자신이 겪으면서 느낀 감정을 한번 되돌아보는 것이 좋다. 일반적으로 즐거웠던 감정은 되돌아보기 쉽지만 괴로웠던 감정은 다시 떠올리기가 싫어진다. 현실에서 직면하기 싫다고 그 감정을 억압하게 되면 무섭거나 불안한 꿈을 꾸게 된다.

이런 방법으로도 개선되지 않으면 어릴 때부터 지금까지 오랫동안 한으로 남아 있는 기억이나 괴로웠던 경험을 떠올려보는 것도 좋다. 그런 기억이나 감정을 꾸준히 적는 습관이 생기면 무서운 꿈에서 벗어나는 데 도움이 된다. 또 건강한 정신을 유지하는 데에도 매우 유용하다.

이런 꿈 때문에 고생하는 사람들은 무서운 꿈이 현재 자신에게 긍정적인 면이 있다는 사실도 알아야 한다. 무서운 꿈은 자신이 다소 정신력이 강해져 억울했던 상황과 싸우거나 버텨보려는 힘이 발동할 때 꾸게 된다. 달리 말하면 자기의 정서적인 문제를 스스로 극복하려는 동기가 싹트는 것이다. 그 기회를 잘 이용해 당시의 감정을 이해하고 받아들이면, 정신건강 측면에서 막힌 곳을 뚫을 수 있는 전환점이 될 수 있다.

한 예로 미국의 저명한 정신분석가 해리 스택 설리번Harry Stack Sullivan은 낮잠을 자다가 커다란 곤충이 자기를 덮치는 꿈을 꾸고 난 뒤 놀라서 후배 정신분석가에게 치료를 받았다고 술회했다. 치료 과정에서 그는 아일랜드 출신 이민자로서 가난한 농촌 생활을 힘들어하고, 늘 병약한 모습으로 자신을 보살피지 못한 어머니에 대한 불만이 억압돼 꿈으로 나타났다는 것을 알게 됐다.

최근 정신분열병으로 입원 중이던 환자가 갑자기 무서운 꿈을 며칠 연달아 꾸는 탓에 잠들기가 두렵다고 호소했다. 최근 심경을 물어보니, 부모는 돌아가시고 남동생은 부인의 눈치 때문인지 자기 집에 오기를 꺼려했다. 이복 여동생은 더 이상 연락하지 말라고 통보했다. 아무도 자신을 받아들이는 가족이 없다고 했다. 물론 이런 고민을 말한다고 현실이 바뀌지는 않는다. 그러나 깨어 있는 상태에서 현재의 고민을 말로 표현하고 그 감정을 직접 느끼고 다루자 환자는 무서운 꿈에서 해방될 수 있었다.

정서적 고통을 현실에서 받아들이기 힘들 때 인간은 꿈이라는 기능을 통해 그것을 치유하고 정화하는 작업을 한다. 무언가에 쫓기는 무서운 꿈이라도 나름대로 스스로 극복하려는 노력이 꿈속에서 작용하는 것이다. 깨어 있을 동안 자신의 감정을 받아들이는 노력을 기울이다 보면 좀 더 편히 쉴 수 있는 평화로운 밤을 맞이할 것이다.

틱

자녀가 감정을 표현하도록 부모가 변해야 한다

틱은 하루 이틀 사이에 생긴 증상이 아니다. 장기적으로 감정이 억압된 상태이므로 증상이 심한 경우 약물치료를 함께하는 것이 바람직하다. 처음 진단받으면 약물이 몸에 혹은 뇌에 해롭지 않냐고 걱정하는데, 매우 안전하므로 두려워할 필요가 없다. 잘 알려진 것처럼 우리의 몸과 마음, 감정과 뇌는 상호작용한다. 즉 장기간 감정이 억압되면 뇌에 변화가 일어난다. 그래서 이미 뇌의 변화가 일어난 부분은 약으로 치료하고, 앞으로 자신의 감정을 다시 억압하지 않도록 하는 훈련에는 상담치료가 필요하다. 그래서 틱 치료는 약물치료와 상담치료를 함께하는 것이 효과적이다.

대형병원의 경우 (담당) 의사들에게 주어진 시간보다 훨씬 많은 환자가 밀려온다. 다른 병원으로 환자들을 전원시키기도 쉽지 않다. 그래서 한 번 진찰하고 두 달, 석 달 치의 처방을 내준다. 환자는 보통 1년에 서너 번 병원에 방문한다. 그럴 바엔 근처 병원에서 적어도 1~2주 만에 의사를 만나 진찰받고, 증상이 변화하는 것을 관찰할 수 있는 것이 더 바람직하다.

보호자도 함께 치료받는 것이 좋다. 간섭하는 태도를 극복하기 위해서다. 만약 보호자가 자신의 성장 과정에서 충분한 보살핌을 못 받았다면, 자기 자녀에게는 소홀하지 않아야겠다는 생각에 자기도 모르게 아이들에게 과도한 간섭을 하게 된다. 보호자의 간섭은 아동치료에 해롭다. 그러나 이를 알고도 몸에 밴 습관은 고치기 어려우니, 보호자 또한 상담을 통해 자신의 성장 과정을 되돌아보는 등 지속해서 치료를 받아야 한다. 과도하게 엄격한 아버지의 태도를 변화시키기 위해서도 가족치료가 필요하다. 습관에서 벗어나기 위해서는 끊임없는 자기 점검이 필요하며, 이는 아이의 행동 변화에 도움이 된다.

진찰 중에 틱 환자의 이야기를 들어주면 그동안 말로 표현하지 못했던 감정을 신이 나서 쏟아낸다. 그러는 동안에는 틱 증상이 전혀 나오지 않는다. 본인도 느끼고 옆에서 듣던 보호자도 느낀다. '아, 자기 마음을 드러내니까 틱 증상이 사라지구나!' 하고 확인하는 것이다. 틱은 아이들의 마음을 억압해서 생긴다는 사실을 실감하게 된다. 그러니 자주 방문할 수 있는 정신과 전문의나 상담센터에 가서 지속적이고 정기적으로 상담받기를 권유한다. 상담을 받게 되면, 아이가 전보다 부모에게 자기주장을 더욱 확실히 하는지 아니면 여전한 상태인지 규칙적으로 점검해보는 것이 좋다.

틱을 포함한 대개의 정신장애는 오랜 기간에 걸쳐 생긴 장애인 경우가 많다. 가족이나 치료자가 수월하게 치료하려고 해서는 안 된다. 꾸준하게 노력해야만 극복할 수 있다는 사실을 명심해야 한다.

Part 2

마음의 고통을 덜어내는 법

노이로제(신경증), 정신병(조현병, 조울병 등) 및 정신신체 장애를 포함한 대부분의 정신(정서)장애의 치료 원칙은 같다고 볼 수 있다. 인격 발달 단계에서 외상trauma을 받는 시기와 그 강도에 따라 다를 뿐이다. 그에 따라 환자의 근기(자아 강도)의 수준이 달라진다. 정신의학 분야에서는 심리적 이해의 증진과 더불어 신경과학의 발전으로 정신장애를 일으키는 가장 중요한 요인이 '인간의 감정'이라고 밝혀졌다. 따라서 정신장애mental disorder를 정서장애emotional disorder라고 일컫는다. 노이로제의 정신치료와 마찬가지로 정신병의 정신치료에서 가장 기본적인 원리와 원칙은 환자의 감정을 이해하는 것이다. 즉, 환자가 자신의 감정을 표현하고 받아들이도록 돕는 작업이다.

정신병의 원인과 관련해 전적으로 기질적 문제라고 하는 것은 잘못된 견해다. 인간을 이해하는 데 있어서 몸과 마음을 분리하여 말하지만 실제 이 둘은 분리할 수 없다. 몸과 마음body and mind이 상호작용하는 것이 인간 생명체의 실체다.

정신분석을 전공한 후 40여 년간에 걸쳐 인간의 뇌를 연구한 에릭 캔들Eric Kandel은 "인간의 뇌는 경험과 기억에 의해 지속해서 발달한다"라고 주장했다. 프란츠 알렉산더Franz Alexander는 정신치료에서 환자가 치료되는 것은 치료자와 함께 새롭게 교정되어가는 정서적 경험을 통해 치유된다고 했다. 이렇듯 신경과학의 발달은 모든 정신장애 치료를 위해 정신치료의 역할이 중요하다는 근거를 제공하고 있다. 달리 말하면, 환자가 어릴 때 부모와 경험했던 정서적 경험과는 달리 치료자와 꾸준히 만남으로써 원래 형성된 부모와의 경험이 새롭게 교정될 수 있다. 그 역할에 따라 환자는 자신의 감정을 바로 보게 되고 치료의 길로 들어설 수 있게 된다.

마음의 고통을 덜어내는 첫 번째 방법

얼마 전 우리나라 성인 여덟 명 중 한 명이 우울증을 겪고 있다는 기사를 본 적이 있다. 특히 기사에서는 우울증이 뇌질환이며 약을 먹으면 90퍼센트 이상 효과적으로 치료할 수 있다고 강조했다. 아울러 우울증을 감기에 비유해 누구나 걸릴 수 있고, 예방을 위해서는 햇볕을 쬐면서 걷는 운동이 좋다고 쓰여 있었다. 기사는 마치 '우울증은 마음의 병이 아니라는 사실'을 함축하는 듯했다. 우울증 치료를 독려하기 위한 기사일지는 몰라도 이는 다소 오해를 일으킬 소지가 있는 정보다.

일단 우울증이 뇌질환이라는 것은 사실일까? 현재까지 연구 결과에 따르면 '우울증은 단순한 뇌질환이 아니고, 마음의 병이면서 또한 뇌질환'이다. 우울증을 포함해 정신장애가 생기면 뇌 속 신경전달물질의 불균형과 체내 호르몬에 변화가 생긴다. 심지어 뇌 속에 미세한 해부학적 변화가 있다는 보고도 있다.

우울증에 대한 여러 과학적 사실이 밝혀지는 것은 반가운 일이다. 그러나 정서적 갈등을 포함한 심리적 측면을 묵살하거나 배제해서는 곤란하다. 특히 예방적 측면에서 우울증이 마음의 병이라는 사실을 결코 소홀히 다뤄서는 안 된다. '우울증은 마음의 병이면서 뇌질환이다'라고 해야 정확한 표현이며, 그렇게 인지하고 있어야 올바른 치료를 할 수 있다. 약만 먹으면 낫는다는 건 우울증에 대한 잘못된 이해다. 우울증 치료에서 가장 효과적인 치료법은 '정신치료(상담)와 약물치료'를 병행하는 것이다.

우울증의 정신치료는 두 가지로 요약할 수 있다. 환자가 고민하는 바를 해결해주어 마음을 즐겁게 해주거나 불만이나 괴로움을 표현할 기회를 주면 우울증에서 벗어날 수 있다. 훌륭한 치료자라면 환자가 자기 고민을 솔직하게 드러내도록 도와주어야 한다.

우리나라에 울화병이란 말이 있다. 이는 우울증과 화병을 합친 말로 여기엔 우리 선조들의 지혜가 담겨 있다. 우울증은 마음의 병, 즉 마음속에 있는 분노 때문에 생기는 증상이라는 사실이 우리말 '울화병' 속에 함축되어 있다. 화가 처리가 안 되면 우울증이 될 수 있다는 것을 우리 선조들은 잘 알고 있었다.

우울증 발병의 원리와 관련해서 동양 사상과 서양 정신치료의 원리는 서로 통한다. 한 예로 중국 전국시대 제나라 어의(왕의 주치의)였던 문지文摯는 우울증을 앓던 왕을 치료하기 위해 화를 내게 하는 방법인 격노법擊怒法을 썼다. 화를 내게 하는 것은 감정을 발산시키는 원리다. 문지는 신발을 신은 채 왕의 침상에 올라가 왕의 옷을 마구 밟아 왕을 화나게 만들어 우울증을 치료했다. 그러나 아쉽게도 문지는 왕에게 무례했다는 이유로 죽임을 당했다. 마찬가지로 훌륭한 치료자나 건강한 부모는 환자의 감정을 견디는 힘이 있어야 한다. 서양 정신분석 역시 우울증을 분노심의 억압으로 생기는 병리현상으로 이해하고, 환자가 자기 마음속 화나는 감정을 느끼고 자각하고 표현하는 것을 치료의 우선으로 삼았다.

다시 한번 강조하건대, 우울증을 예방하려면 한 인간

의 정서적 고통을 이해하고 소통하려는 노력이 중요하다. 우울증을 간단하고 쉽게 규정한다고 해서 해결되는 것이 아니다. 우울증 예방을 위한 국민 홍보 대처법으로 '햇볕을 쬐고 걷는 운동'을 우선 처방한다는 건 다소 부실하다. 우울증의 효과적인 대처를 위해서는 우울증에 대한 정확한 이해가 우선돼야 한다.

한편 우리는 모두 자기 마음의 고통을 이해하고 받아들이려는 노력이 필요하다. 인간은 태어나 자신의 신체를 갖고 살아가는 동안 필연적으로 마음의 고통을 안고 살아갈 수밖에 없다. 이를 이해하고 어느 정도 내려놓을 줄 아는 자기 극복이 요구된다. 무엇보다 가족 내에서 정서적 고통을 겪는 구성원의 심정을 이해하고 소통하려는 노력이 가장 중요하다.

부정적인 양육 태도가 원인일 수 있다

조현병(정신분열병)은 생물학적 소인과 다양한 환경적 요소가 함께 작용해 발병한다고 알려져 있다. 정신의학자들은 조현병의 예방과 치료를 위해 이 병의 발생 및 재발 원인에 대해 끊임없이 연구 중이다. 프로이트는 정신분석을 창시했지만 조현병 환자를 정신분석한 경험은 없다고 한다. 이후 치료 기술의 발달로 오늘날의 많은 정신분석가가 정신병 환자들에게 정신치료를 하게 됐고, 많은 발전을 이룩해왔다.

미국의 저명한 여성 정신분석가인 프리다 프롬-라이

히만Frieda Fromm-Reichmann처럼 정신병 환자의 정신치료 경험이 많은 치료자들은 자신들의 경험을 바탕으로 조현병 환자를 둔 '어머니의 특징적인 양육 태도'에 대해 연구했다. 그들의 성격적 특징은 자녀와의 관계에서 '매우 지배적이거나 과도하게 관여하는 태도를 보이는 것'이었다. 부모의 양육 태도가 조현병을 일으키는 환경적 요인으로 작용할 수 있는 것은 사실이다. 부정적인 양육 태도가 조현병을 비롯해 다른 정신장애의 원인으로 작용할 수 있다.

얼마 전 망상적 사고에 빠져 있고, 남과 어울리는 것이 두려워 집 안에만 머물러 있으려는 40대 남자가 입원했다. 그는 어린애처럼 나이 많은 어머니만 따라다니며 다시 어릴 적으로 돌아가려는 퇴행적 행동을 보였다. 입원 중 면담실에서 상담을 시작할 무렵이었다. 환자에게 커피 생각이 있으면 같이 한 잔 마시자고 권했다. 그는 잠시 머뭇거리다가 안 마시겠다고 답했다. 커피를 싫어하냐고 물으니 그건 아닌데 최근에 어머니가 전화로 커피를 못 마시게 했기 때문이라고 한다. 이 환자의 나이가 마흔이 넘었는데도 집에서 멀리 떨어져 병원에 입원해 있는 자식을 어머니가 조종하고 있는 셈이었다. 환자의 어머니가 아들의 일상생활까지 심하게 관여하고 있다는 것을 극명하게 엿볼 수 있었다.

자녀들이 건강하게 자라려면 자기만의 물리적 공간과 자유로운 상상의 세계를 허용해야 한다. 아이들이 자기 방에 함부로 들어오는 것을 싫어하면 방 청소를 대신 해줄 때에도 반드시 허락을 받고 들어가는 것이 좋다. 더구나 책상 서랍을 뒤지거나 일기장을 몰래 보는 등의 행동은 삼가야 한다. 아이들이 자신만의 영역에서 마음대로 공상해보기도 하고 상상의 나래를 펼 수 있도록 해줘야 한다. 슬퍼하거나 화를 낼 수 있는 혼자만의 공간도 보장해줘야 한다. 아이는 자신의 감정을 스스로 느끼고 자유롭게 생각할 수 있는 분위기 속에서 주체성이 자라고 독립적인 인간으로 성장할 수 있다. 자신의 영역을 침해받으면 성장을 방해받는 것은 물론 장차 의존적이며 미숙한 인격으로 자라게 된다.

인격 성숙과 정신건강은 태어날 때 전적으로 의존적 상태였던 인간이 자라면서 점점 독립적인 상태가 되어 자기 주체성을 확립해가는 과정이다. 조현병 예방과 치료를 위해 노력한 경험 많은 치료자들의 주장에 귀 기울일 필요가 있다. 강압적이며 지배적인 태도를 지양하고 자녀들의 사적인 영역에 과도하게 침범하는 일을 자제해야 한다. 또 자녀들을 지나치게 책망하거나 비판하는 태도를 삼가야 재발을 줄일 수 있다.

말과 행동 일치의 중요성

지난겨울 서울서 학교 다니던 대학생이 어머니와 함께 병원을 찾았다. '먹으면 자꾸 토할 것 같아 내과에서 여러 가지 검사를 받았는데 아무 이상이 없다. 가는 곳마다 신경성이라고 한다'며 호소했다. 그런데 면담하는 과정에서 학생이 말을 하려고 하면 어머니가 먼저 나서서 딸의 말을 가로막았다. 그 어머니는 "그래, 너 하고 싶은 말 뭐든지 다 해라" 하며 자기 딸의 심정을 토로하도록 사기를 북돋우는 것 같았지만, 실제론 딸의 말을 막고 간섭했다. '자유롭게 말하라'고 하는데 행동은 그렇지 못했다. 딸은 어머니가 자기를 잘 이해해주는 것 같은데 왜 이리도 답답한지 그 영문을 모르고 있었다.

또 다른 예로 일찍 혼자가 되어 외동아들을 키운 어머니가 아들에게 이런 말을 전했다. "나는 너 하나 잘되면 그뿐이지 아무것도 안 바란다." 그러나 말과 달리 실제론 자식에게 의존하고 싶어 하는 태도로 자녀에게 과중한 부담을 줬다. 차라리 "너 하나 보고 살았는데 이 애미한테 잘해라"라고 하는 것이 더욱 직설적이고 솔직하다. 오히려 자식에게 부담이 덜할 것이다.

막내 아이를 데리고 온 또 다른 부모는 면담 중에 "이 애한테는 별로 바라는 것도 없고 그저 자기 몸만 신경 쓰라고 한다"면서 말로는 자식을 편안하게 해주는 듯했다. 그러나 은연중에 '형들은 모두 공부도 잘하고 잘 지내는데, 너만 왜 그렇게 적응을 못 하며 사냐'는 식의 빈정거리는 태도를 보였다.

인류학자 그레고리 베이트슨Gregory Bateson은 일찍이 정신분열병 환자의 가족 내 의사소통 방식을 연구하여 '이중구속二重拘束'이라는 개념을 제시했다. 이중구속이란, 부모(양육자)가 자녀에게 하는 말과 태도(행동)가 상호 모순된 의사전달 방식이다. 말과 행동이 상반되는 의사전달이 되풀이될 때 아이는 갈등에서 벗어나지 못하고 혼란에 빠진다. 분명한 의사소통 능력과 사회적인 판별능력을 발전시키지 못하며, 결국 정신분열병과 같은 정신병리를 일으킨다는 것이 베이트슨의 주장이다. 그러나 이중구속의 의사전달 방식이 반드시 정신장애 환자의 가족에게만 있는 것은 아니다. 정도의 차이는 있지만 일반 가정에서도 흔히 관찰할 수 있다.

자녀의 정신건강을 도모하는 데 있어 말과 행동이 일치한다는 것은 매우 힘든 일이다. 성숙한 부모의 인격이 요구되는 과업이다. 따지고 보면 부모가 하는 말의 내용에 따라 자식이 성장하는 것이 아니다. 부모가 한 인간으로서 어떻게 살아가는가를 지켜보고 아이는 그것을 따라간다는 사실을 명심해야 한다.

진짜 감정을 찾을 것

어느 날 중학교 3학년 학생이 입원했다. 집 안 기물을 부수다 못해 가족들마저 폭행해 결국 결박된 채 구급차에 실려 응급으로 정신과 병동에 왔다. 어쩌다가 이렇게 흥분을 하게 되었는지 자초지종을 들어봤다. 부모가 말하기를 중학교 1학년 때 친구들로부터 왕따를 당해서 이런 일이 생겼다고 한다. 그러나 당사자는 부모가 하는 말에 전혀 동의하지 않을 뿐만 아니라 그 말이 아무런 위안이 되지 않는 듯 보였다. 오히려 자기 어머니에게 다시 폭력을 행사하려 하며 흥분했다.

아이 입장에선 자기 고통에 대한 부모의 이해가 전혀 맞지 않다는 주장이었다. 환자가 부모의 주장에 동의하지 않는다고 해도 부모는 자녀의 말을 들으려고 하지 않았다.

입원하고 며칠 후 학생과 면담을 했다. 먼저 하고 싶은 이야기를 해보라고 하니 폐쇄 병동 생활이 답답하다며 빨리 집에 돌아가고 싶다고 말했다. 화난 감정을 해결하지 않고 퇴원하면 집에 가서도 괴로울 테니, 어느 정도 자기감정을 조절할 능력이 생길 때 퇴원하자고 권유했다. 학생도 어느 정도 수긍이 했는지 침착하게 자기가 화나는 이유를 장시간 이야기했다.

정신치료나 자녀 양육에 있어서 환자나 자녀들의 심정을 먼저 들어보는 것은 무엇보다 중요하다. 보호자들이 생각하는 것과 달리 자녀들이 무슨 고민에 시달리고 있는지 먼저 이해해야 한다. 또 치료자로서 가장 중요한 태도 중 한 가지는 '선입관이나 편견 없이 환자가 드러내는 감정에 골고루 예민하게 관심을 가지는 것evenly hovering attention'이다.

그런데 예상과 달리 끝끝내 부모가 말한 '동료 학생들에 대한 불만'은 별로 없었다. 그것이 현재 자신의 감정에 심각하게 영향을 미치지 않는다고 했다. 오히려 초등학교에 입학하기 전부터 오랫동안 어머니에게 당한 심한 신체적 학대에 대해 끊임없이 울분을 호소했다. 학생은 어릴 때 추운 겨울에 발가벗긴 채로 집 밖으로 쫓겨난 적이 있다고 했다. 그때 옆집 아주머니가 옷을 갖고 와서 자기 집에 데리고 간 기억을 회상하며 어머니에게 심한 분노를 표출했다. 화가 나는 진짜 이유를 자유롭게 표현하자, 학생의 상태는 점점 좋아졌다. 감정을 조절하는 능력도 함께 자라났다. 어머니도 꾸준한 치료를 통해 진짜로 아이가 괴로워하는 것에 공감하게 되었다.

어머니의 경우 딸이 많은 집에 다섯째로 태어나 친정어머니의 관심을 받지 못했다. 언니들을 따라다니면서 이른바 '밉생이(미움 받는 아이)'로 자랐다. 귀한 아들이 태어나도 어떻게 사랑을 베풀어야 할지 몰랐다. 아이가 자라면서 호기심이 많아 자꾸 집 밖으로 나가겠다고 하자 자기 말을 안 듣는 게 미워 멀리 못 가게 옷을 벗겨 밖으로 내보낸 것이다.

결과적으로 치료가 진행되면서 학생의 상태는 계속 좋아졌다. 이는 정신치료 결과를 보면 알 수 있다. 고통받는 당사자나 부모들이 자신들의 진정한 고통을 다루고 있는지 아닌지 말이다. 치료 효과가 없다면 자신들이 가짜 고민이나 피상적인 문제들을 다루고 있다는 사실을 자각해야 한다.

요즘 학생들의 왕따 문제가 심각하다. 자녀의 왕따 문제로 정신과 상담에 오는 경우 자녀들이 학교에서 불량한 친구들에게 공격당하거나 따돌림을 당해 어떤 식으로라도 피해를 입고 정신장애가 생겼다고 주장한다. 막상 당사자(아이)들을 심층 면담해보면 문제의 뿌리가 그 전부터 있었던 거라고 고백한다.

보통 부모가 아이에게 심하게 꾸지람을 하는 등의 양육 태도를 보이면, 아이는 부모에게 함부로 대들지 못한다. (이렇게 되면) 성격이 위축되고 기가 죽은 상태에서 학교에 가게 된다. 원래 기가 죽었던 문제와 학교에서 남을 괴롭히는 학생을 만난 문제가 얽혀 왕따 등의 문제가 발생할 수 있다. 그러다 보니 부모가 이 문제를 과도하게 친구 문제로 몰아세우면 부모의 주장에 전적으로 동의하지 않게 된다. 과거 부모로부터 받은 억울한 심정이 아직 풀리지 않은 상태이다 보니 어딘가 불평스러운 태도를 보이는 것이다. 속으로는 '부모가 나의 기를 죽여 놓고 왜 모든 문제를 친구에게 몰아세우는가'라는 불만이 생기게 된다. 왕따를 당한 자녀의 속마음은 왕따 문제와 과거 감정

문제를 분리해서 공평하게 다루어야 풀릴 수 있다. 이 문제를 효과적으로 치료하기 위해서는 부모에 대한 불만을 함께 풀어나가야만 한다.

자신감을 키워라

새 학기가 시작하고 두어 달쯤 지나자 학교 생활에 적응하기 힘들다며 대학생들이 찾아왔다. 올해 입학한 한 여대생은 외모에 대한 열등감 때문에 휴학을 원했다. 못생겨서 친구들이 자기를 싫어할까 봐 겁이 나고 자신감이 없어서 다른 학생들과 어울리기 힘들다고 했다. 열등감이 생기고 외모에 대한 자신감이 없어진 이유를 묻자 고등학교 시절, 여드름이 많은 자신의 얼굴을 두고 남학생들이 놀렸다고 했다.

다른 남자 대학생은 학교에 가기 싫고, 사람을 만나

기가 힘들며 만사가 귀찮다고 병원을 찾았다. 그는 온종일 피시방에서 인터넷 게임에만 빠져 있었다. 원인을 묻자 입학 초기에 선배로부터 폭언과 함께 이른바 '왕따'를 당했다고 호소했다. 그는 아직도 음대나 체육학과에서는 선후배 사이에 규율을 세우고, 합주나 단체 시합에 대비한다는 명분으로 폭력이 흔하게 일어난다고 했다.

위의 두 학생을 심층 면담한 결과 어릴 때부터 자신감이 잘 자라지 못했다. 자신감 있고 건강하게 자란 학생에게는 대학 사회가 자신의 꿈을 마음껏 펼칠 기회로 다가온다. 반대로 자신감이 없고 열등감이 가득 차 있다면, 대학 사회가 낯설고 힘들며 두려운 공간이 된다. 고등학교 시절까지는 소극적이며 수동적인 면이 잘 드러나지 않다가 대학에 와서는 모든 일을 스스로 처리해야 하니 심각한 어려움을 겪게 되는 것이다. 물론 학교 안에서 폭력을 비롯해 다른 학생들을 괴롭히는 행동은 우리 사회가 지속해서 감시하고 개선해야 할 문제다. 무엇보다 당장에 필요한 건 당사자나 보호자, 그리고 전문가로서 이런 상황에 대한 올바른 이해와 대처일 것이다.

미국 존스 홉킨스 의과 대학 교수였던 정신의학자 제롬 프랑크Jerome Frank는 초기에는 혼자서 나중에는 그의 딸 줄리아와 함께 정신질환자의 공통적인 특징에 관해 연구했다. 또 과거 원시사회의 샤먼(무당)에 의한 주술적 치료부터 오늘날 수많은 종류의 다양한 정신치료법에 이르기까지 정신질환이 어떤 과정을 통해 치유되는지 평생에 걸쳐 연구했다. 그 결과 그들은 '모든 정신장애는 기가 죽어서 생기는 병이며 기를 살리는 것이 모든 치료 방법의 공통적인 치유 요인'이라는 결론을 내렸다. 다시 말해 정신건강이란 성장 과정에서 자신감이 자라서 외부로부터의 공격을 효과적으로 물리치고, 자신을 보호할 수 있는 능력이 자라난 상태라고 말할 수 있다.

그렇다면 자신감을 어떻게 키워야 할까? 모든 생명체는 주위로부터 방해만 받지 않으면 저절로 자신감이 자란다. 들이나 산에 자라는 풀이나 나무처럼 특별히 방해를 받지 않으면 생기가 넘치고 푸르게 자라난다. 즉, 열등감에 시달리고 자신감이 없는 아이들이라면 무엇에 방해를 받았는지 점검해야 한다. 무엇보다 아이들의 성장 과정에서는 쓸데없는 간섭을 하지 말고 애정을 가지고 지켜봐줘야 한다. 아이를 앞질러서 무언가를 해주지 말아야 자신감이 자란다. 부모뿐만 아니라 우리 사회가 마땅히 바라야 할 일이다.

욕심과 과도한 기대는 금물

오래 전 딸이 적극적으로 원해서 3개월 된 강아지를 분양받아 키웠다. 그 강아지의 성장 모습을 지켜보자니 참으로 놀라웠다. 우선 우리 가족이 자신을 사랑한다는 확신이 들었는지 무언가를 요구할 때 짓는 소리가 우렁차다. 간혹 어리광을 부리기는 하지만 태도 또한 의젓하고 당당하다. 동물병원에서 큰 개를 만나도 무서워하지 않고 꼬리를 흔들면서 우호적으로 다가선다. 그러다 상대가 짖거나 과민 반응을 보이면 어처구니없다는 표정을 지으면서 되돌아온다. 강아지라고 다르지 않다. 기가 살아 있으니 상대방에 대한 두려움은 없고, 상대방이 부당하게 대하더라도 '저 친구 뭔가 좀 이상하구나' 하고 상대방의 문제로 받아들이고 돌아서는 것이다.

서양에서는 정신치료가 시작된 이후부터 정신질환의 치유 인자curative factor가 무엇인지 지속적으로 연구해오고 있다. 세계적으로 널리 존경받는 정신치료자들의 주장은 비슷하다. 칼 로저스Carl Rogers는 상담을 받으러 오는 이를 '아무 조건 없이 내담자의 입장을 긍정적으로 받아주고 이해하는 것'이 중요하다고 했다. 프로이트는 '환자는 치료자로부터 사랑받는다는 느낌이 들 때 치유가 된다'고 주장했다. 제롬 프랭크는 정신건강을 위해서는 '환자를 도와주려는 치료자의 동기'가 가장 중요하다고 말했다.

페루의 저명한 정신치료자인 카를로스 세귄Carlos Alberto Seguin은 그의 저서인 《사랑과 정신치료Love and Psychotherapy》에서 치료자는 어떤 기대나 대가를 바라지 않고 환자에게 관심을 가져야 치유할 수 있다고 했다. 즉 환자에게 쓸데없는 간섭을 하지 않되 대가를 기대하지 않는 관심과 사랑을 베풀어야 한다. 심지어 환자가 나아져야 한다는 기대도 하지 말고 그저 관심만 기울여야 한다. 궁극적으로 치료자나 가족들의 욕심과 기대를 극복해야 환자의 기를 살릴 수 있다.

정신치료 과정에서 이른바 '중립성neutrality'을 지키려는 초심자들이 있다. 그러나 이는 '정신치료에서의 중립성'에 대한 잘못된 이해다. 치료자는 무엇보다 환자에게 공감하고 도와주려는 적극적인 동기가 있어야 한다. 중립적 태도란 치료자의 개인적인 정서 문제가 치료 과정을 방해하지 않도록 경계하라는 의미에서 강조하는 것이다.

한 남성이 내게 어떻게 하면 기가 살 수 있는지 문의한 적이 있다. 자신에게는 부모가 없고, 그렇다고 아내에게 부모와 같은 관심을 요구할 형편도 아니라고 했다. 스스로 기를 살리는 방법 가운데 가장 중요한 것은 먼저 자신이 기가 죽었고 위축되어 있다는 사실을 인정하고 받아들이는 것이다. 부모에게 바랄 수 있는 사랑이 현실에서는 없다는 사실을 받아들이고 포기해야 한다. 의존하려는 마음을 줄이면 자연스럽게 기가 살아나고 배짱이 생긴다. 여유가 생기면 아내 등 가까운 사람과 협력하는 것이 좋다. 정신이 건강해지는 비결은 우선 주어진 현실을 받아들이고, 자신의 능력이나 주어진 여건의 범위 내에서 상호 의존하며 더불어 살아가는 것이다.

전이 감정의 이해와 극복

언젠가 유학을 마치고 돌아온 친구가 점심을 같이 먹자고 연락이 왔다. 당시 친구에겐 중학교 2학년인 큰아들과 이제 갓 중학교에 입학한 둘째 아들이 있었다. 이런저런 이야기를 나누던 중 친구는 최근 큰아들이 사사건건 아버지에게 불만을 드러내고 사소한 일에도 화를 많이 내 말 붙이기가 힘들 정도라고 했다. 혹시 큰아들에게 부당하게 대하는 등 그럴 만한 이유가 있냐고 물었다. 친구는 그런 일은 없으며 사춘기 반항이 아니겠냐고 반문했다.

인생에는 시기에 따라 일반적으로 드러나는 전환기가

있다. 치료자가 이를 '사춘기' '갱년기' '산후우울증'의 문제로 속단하는 것은 개인의 사적인 고통에 공감하는 능력이 부족한 진단이다. 이를 일반화해버리면 개인이 겪는 마음의 고통을 무시하게 되고 환자의 심정에 공감할 수 없다. 반드시 개인에 따른 구체적인 상황을 살펴봐야 한다.

친구의 경우도 그렇다. '큰아들이 사춘기라서 화를 자주 낸다'라고 해버리면 당사자는 얼마나 억울하겠는가. 간혹 환자 자신이 그렇게 진단을 내리기도 하는데 대개 자신의 감정을 받아들이기 힘들어서다. 환자 스스로 자신의 감정을 억압하는 것이다. 그래서 친구에게 혹시 큰아들의 기분이 나빠질 만한 행동을 아버지가 했는지 곰곰이 생각해보라고 했다. 만일 그 이유가 떠오르지 않으면 조용히 대화를 나눠서 무슨 불만이 있는지 직접 물어보라고 조언했다.

아니나 다를까 큰아들에겐 '사춘기' 문제가 아닌 화를 내는 구체적이고 개인적인 분명한 이유가 있었다. 이유인즉슨 '동생과 갈등이 생기면 아버지는 항상 동생 편을 드는데, 이는 자기를 미워하기 때문'이라며 눈물을 펑펑 쏟았다고 한다. 이유를 알아보기 위해 나는 일단 친구가 어떻게 자랐는지 자세히 물어보았다.

둘째로 태어난 친구는 어릴 적에 부모가 형은 특별대우하고 자기는 푸대접을 했다고 한다. 친구는 형이 우대받는 것에 마음이 상해 내심 불만이 있었지만 표현은 못하고 그저 참고 살았다. 형을 우대하는 소외감 때문에 마음속으로 항상 '나중에 성공해서 집안에서 형보다 더 인정받는 사람이 되겠다'라고 다짐했다.

돌이켜보건대 맏아들과 둘째가 다투면 자신의 경우처럼 '항상 둘째가 피해를 본다'라고 생각한 것이다. 그래서 평소에는 장남을 가장 사랑한다고 생각하면서도 자기도 모르게 '둘째를 보호해야 한다는 생각을 가지고 있었다'고 고백했다. 친구는 무언중에 (무의식적으로) 자신의 어릴 적 경험으로 사랑하는 맏이를 자꾸 밀쳐냈다는 것을 깨닫게 됐다. 자신의 문제를 깨달은 뒤 친구는 큰아이에게 사과하고 태도를 바꿨다. 이후 장남과의 관계가 매우 좋아졌다.

이처럼 어릴 때 형성된 감정의 틀이 인생 전반에 걸쳐 자기도 모르게 반복된다. 정신치료 과정에서 환자 자신이 부모와의 관계에서 원래 갖고 있던 감정을 치료자에게 옮기는 것을 전이transference라고 한다. 내 친구 또한 어릴 적 겪은 감정의 상처가 자기도 모르게 엉뚱한 데로 옮겨간 것이다. 형에게 느꼈던 분을 자신이 가장 사랑하는 큰아이에게로. 만약 이를 모르고 살아갔다면 아이와 가족 전체에 불행한 인생사가 되풀이되지 않았을까?

이 아버지와 장남 관계가 우리에게 주는 교훈은 두 가지다. 하나는 우리가 겪었던 갈등이 우리 성격의 일부가 되어 누군가에게 그 감정을 옮긴다는 사실이다. 그러니 우리는 자신의 감정을 남에게 옮기는지 자각해야 한다. 그러한 감정으로 인해 대인관계에서 상대를 오해하기도 하고 현실을 왜곡하기도 한다. 또한 남에게 자기의 화를 옮길 수도 있다. 부모들은 자신들의 정서적인 문제가 자기도 모르게 자녀나 타인에게 부정적인 영향을 주는 일은 없는지 자각하는 데 힘써야 한다. 한 예로 그 옛날 공자는 가장 훌륭한 제자로 안연을 꼽았다. 이유를 물으니, 안연은 자기의 화를 남에게 옮기지 않는 제자라고 답했다고 한다.

둘째는 부모에 대한 자녀들의 사랑의 갈구는 매우 치열하다는 것이다. 부모의 사랑이 공정하지 않거나 공감을 못 받을 경우 인간 고통의 뿌리인 소외감의 싹이 자라게 된다. 이러한 갈등을 해결하지 못하면 일생에 걸쳐 나타나는 정서장애의 뿌리가 된다. '소외감'과 관련해서는 우리 전통의 지혜에 '아수탄다 혹은 아시탄다(아우탄다의 사투리)'는 말이 있다. 무슨 말이냐 하면 큰아이가 부모의 사랑을 독차지하다가 동생이 태어나서 관심을 빼앗기니 불만이 생긴다. 이 감정이 잘 풀리지 않으면 괜히 화를 내거나 불장난을 심하게 하고, 밤에 오줌을 싸기도 한다(불장난이나 오줌을 싸는 것은 적개심의 표현이다). 그럴 때 옛 어른들은 "아수탄다"라고 말한다. 장남이 동생에게 부모의 관심을 뺏기니 화가 나서 하는 행동으로 이해하고, 부모들이 세심히 대처하도록 당부했다.

정신치료 과정에서는 이 전이 감정을 이해하고 극복해나가는 치료 과정을 중요하게 생각한다. 치료자는 첫 면담 혹은 치료 초기에 환자가 어린 시절 느꼈던 '소아기 감정의 틀'을 자각하도록 힘써야 한다. 이러한 감정의 핵이 되는 것을 정신의학에서는 중심역동, 핵심감정 등 여러 가지 용어로 정의한다. 소아기 감정의 패턴을 자각하면 환자는 인생 전반에 걸쳐 자기도 모르게 그 감정에 영향받는 것을 자각하고 치료자와 함께 해결해나가야 한다. 또한 인생에서 소외감이 생기는 원리를 자각하고, 남에게 자신의 감정을 옮기는 점에 유의해야 한다.

형제자매 갈등이
정서장애의 뿌리일 수도

정신치료에서는 환자가 형제간 서열상 어떤 위치에 있는지 잘 살펴볼 필요가 있다. 자녀 간의 갈등이 평생 대인관계에 영향을 미치고, 잘 극복하지 못하면 정서장애의 뿌리가 되기도 한다. 뜻밖에도 이런 핵심적인 갈등을 잘 간파하고 슬기롭게 대처하면 치료에 매우 효과적이다.

예를 들어 위로는 한 살 차이 자매가 있고, 아래로는 두세 살 차이 나는 남동생이 있는 1남 2녀의 형제 사이라고 하자. 먼저 언니는 바로 밑에 여동생이 태어나서 어머니가 연달아 갓난아기를 보살펴야 하는 상황이다. 어머니로서는 힘이 들고 짜증이 나니 그 감정이 아이에게 영향이 갈 수밖에 없다. 어머니는 돌이 지난 아이에게 마음속으로 과도한 요구를 하게 된다. 이제 너는 언니가 아닌가. 막 한 살배기인 언니는 아직 젖을 더 먹어야 하고, 엄마의 젖을 더 만지고 싶은데 말이다. 그런데 동생 때문에 이 모든 것이 용납이 안 된다. '너는 이제 언니잖아!'라면서.

이런 경우 아이는 아주 일찍 마음의 상처를 받게 된다. 그것이 바로 배척감과 소외감의 뿌리가 되고 '엄마는 나를 싫어한다'라는 응어리가 깊게 박히게 된다. 또 갓 태어난 동생에게 많은 것을 양보하다 보니 자기 자리가 없어진다는 생각과 함께 피해 의식이 싹트게 된다.

동생은 언니에게서 젖을 물려받긴 했지만 젖 나오는 게 시원치 않다. 젖의 양이 부족해 감질나기도 한다. 1년 만에 계획도 없이 또 아이를 낳은 엄마는 매사 즐겁지 않고 짜증이 난다. 그것도 시부모나 남편이 바라는 아들이 아니고 또 딸이다. 어머니는 마음이 힘들다. 동생 역시 어머니의 손길이 부드럽지 않으니 '엄마가 나를 싫어하나' 하는 배척감을 느낀다. 동생은 한참 동안 언니에게도 시달린다. 언니는 너무 일찍 엄마라는 자기 자리를 빼앗겼다는 생각에 동생을 괴롭힌다. 그렇게 동생은 얼마간 기가 눌려 순하게 지낸다. 2년 후에 남동생이 태어나자 엄마 마음이 다소 풀린다. 그러나 즐겁게 지내는 것도 잠시 이내 엄마의 관심은 온통 남동생에게로 쏠린다. 나는 완전히 버림받은 느낌을 받는다. 언니마저 남동생 쪽으로 기운다. 엄마가 남동생을 좋아하니 엄마에게 사랑받기 위해 남동생을 지극정성으로 보살피는 것이다. 언니와의 관계에서도 나는 버림받는다. 결국 성격적 특징이 항상 남의 눈치를 살피고, 불만을 표현하지 못하는 기죽은 아이로 자라게 된다.

이것은 '딸-딸-아들' 순서의 특징이지만 어머니(양육자)가 자녀들에게 신경을 못 쓰고 소홀한 경우, 다양한 형제간 서열에 따라 매우 특징적인 병리 현상으로 드러난다. 그것이 핵심감정이 되어 평생 그 사람의 성격을 좌우하는 응어리로 남기도 한다. 이와 비슷한 경우로 '딸-딸-딸-아들'의 경우가 있다. 예전부터 셋째 딸은 직접 보지 않고 신붓감으로 데려온다는 말이 있다. 셋째 딸이 형제 사이에서 살아남으면 아주 경쟁력이 있고, 모든 것을 완벽하게 잘하는 여성으로 인정받는다. 험난한 경쟁에서 살아남아 집안을 잘 일군다는 뜻이다.

형제간 서열에 따른 정신장애 특징은 헤아릴 수 없이

다양하다. 일찍이 서양의 저명한 정신분석가 알프레드 아들러Alfred Adler도 출생 순위가 개인의 인격 발달에 지대한 영향을 끼친다고 했다. 치료자는 반드시 가족 구성이 어떻게 되는지 살펴봐야 한다. 그래야만 그 사람의 고통의 뿌리를 이해하고 공감할 수 있다.

그렇다면 이러한 정서장애의 뿌리는 어떻게 해결할 것인가? 우선은 주 양육자의 심정을 살펴야 한다. 공감하는 시간을 가져야만 스스로 어느 순간에 마음이 어땠는지 자각할 수 있다. 그것이 자녀들에게 미친 영향을 깨닫도록 도와준다. 이런 문제는 마치 윤회처럼 그 패턴이 반복되어 대대로 내려간다. 어느 순간 집안에 용감한 사람이 나타나 치료를 받고 그 패턴을 끊어내야 한다. 그리고 새롭고 건강한 패턴을 만들어나가야 한다. 그러기 위해서는 치료자와 가족들이 함께 참여하여 노력해야 한다.

자기 마음을 깨닫고 받아들여라

어느 오후, 다른 지역 절에 계시는 노老스님 한 분이 내원했다. 스님은 내게 "머리가 깨질 듯이 아프다"라고 호소했다. 이미 내과, 신경외과 등에서 MRI 검사를 비롯해 모든 검사를 했는데 이상이 없었다고 한다.

먼저 스님에게 요즈음 걱정거리가 있는지 물어보았다. 절 생활을 하니 특별히 걱정거리가 없다고 한다. 그런데 한참 있다가 "요즈음 도가 빨리 안 닦여서 고민을 좀 했다"라는 말을 꺼낸다. 그래서 내가 "도를 왜 빨리 닦으려고 하느냐?"라고 물었다. 스님이 잠자코 있다가 책상을

'탁' 치면서 "아, 이제 됐다"라고 하더니 일어나 밖으로 나가셨다. 약도 필요 없다고 했다.

인간의 모든 고통은 집착에서 온다. 그중에서 남으로부터 인정받으려는 욕심이 크다. 스님이란 그런 집착에서 벗어나도록 도를 닦는 사람인데, 자기가 '도를 빨리 닦으려는 욕심'이 있다는 것을 순간적으로 자각하고 홀가분한 마음으로 돌아간 것이다.

정신치료에서 가장 중요한 작업은 환자가 자신의 마음을 깨닫도록 도와주는 것이다. 이는 불교의 전통 사상과 그 맥을 같이한다. 자기 마음을 깨닫고 받아들이면 되는 것이다. 그것을 돕는 것이 바로 치료자다. 치료자는 바로 그 순간, 현장에서 환자의 마음을 깨닫도록 한다. 그게 직지인심直指人心이다.

정신치료 발전 초기에는 해석을 중요시했다. 환자가 한 말을 치료자가 다른 표현으로 바꿔주는 것이다. 그러나 정신치료가 발전함에 따라 해석의 역할보다 공감이 환자 치료에 더 효과적인 것으로 드러나며 그 중요성이 바뀌었다. 달리 말하면 해석으로는 치료가 안 되고, 치료자가 공감을 해줘야 치료가 된다는 말이다. 서양에서도 경험이 많은 정신치료자는 환자의 말을 다른 말로 바꾸는 해석은 가치가 없다고 말한다. 환자가 마음속으로 어느 정도 자각하는 것을 말로 표현하게 치료자가 도와주어야만 해석으로써 가치가 있다.

공감이 중요하다고 하니 치료자들 사이에선 공감을 인위적으로 할 수 있는 것으로 혼동하는 경우가 많다. 자기식의 공감이 난무하다. 얼마 전 한 환자가 내원한 적이 있는데 이미 다른 병원을 거쳐 왔다. 왜 병원을 옮기게 되었느냐고 물으니 치료하다가 부담이 되어 옮겼다고 한다. 자기가 우울하고 슬프다고 하니 의사가 자기 손을 잡고 같이 울면서 달래주는데, 오히려 부담스러웠다고 한다. 공감은 인위적으로 할 수 있는 것이 아니다. 치료자가 마음을 비워야 상대방 감정에 한걸음 다가갈 수 있다.

오늘날 정신치료에서 사용하는 해석이나 공감이 치료자의 수준에 따라 달리 사용된다는 사실을 알아야 한다. 정신치료자는 개념이나 이론을 습득하는 과정에서 그러한 개념이 무엇을 가리키는지, 자신이 정확하게 알고 있는지 자각해야 한다. 정신치료에서 직지인심이 곧 최고의 공감이라 할 수 있다.

꿈속에 흐르는 감정을 발견하라

30대 초반의 젊은 여성이 심한 우울증 때문에 부모와 함께 병원을 찾았다. 여성은 지난 10년 동안 약물치료만 받아왔다고 한다. 최근에 언니가 '우울증 치료는 정신치료와 약물치료를 함께 받는 것이 효과적'이라는 정보를 알려주며 정신치료를 함께 받아보라고 권유해 수소문 끝에 우리 병원을 찾았다.

그 환자는 면담 시간에 자신의 꿈에 관해 이야기했다. 낮잠을 자다 바퀴벌레가 달려드는 꿈을 꿨는데, 깨어나서 옆에 있던 어머니에게 '바퀴벌레 잡으라'고 소리칠 정도로 생생했다고 한다. 밤에는 주로 누가 칼을 들고 따라온다든가 총을 피하는 꿈을 꾼다고 했다.

미국의 정신분석가 설리번 역시 낮잠을 자다가 무서운 꿈을 꾼 경험을 말한 적이 있다. 커다란 곤충 꿈을 꾸었는데 꿈에서 깬 뒤에도 곤충이 그대로 보였다는 것이다. 그는 자신이 심각한 상태임을 자각하고 적극적으로 정신치료를 받았다. 정신치료를 통해 자신의 상태를 이해한바, 어린 시절 늘 몸이 아파 누워 있던 어머니에 대한 감정이 극복되지 않아 정서적 문제에 영향을 끼친 것으로 봤다. 이후 설리번은 자기 (정서)장애의 뿌리를 이해하고 이를 극복해 지금은 널리 알려진 정신분석학파의 개척자가 됐다. 또한 어머니와의 정서적 문제로 인한 자신의 한계를 인식하고 평생 여성 환자는 치료하지 않았다고 한다.

어머니가 몸이 불편하면 어린 자식이 보살핌을 받아야 할 시기에 거꾸로 어머니 걱정을 하고 자라게 된다. 어머니의 사랑이 채워지지 않아 생기는 허전함과 분노가 아이의 마음속에 자라게 되는 것이다. 어머니가 편찮은 상태라 불만을 하소연할 수도 없어 그렇게 자신의 감정을 억압하게 된다.

이 여성 환자의 경우 어릴 적에 어머니가 힘들다고 자신을 할머니에게 맡기고 집을 나간 적이 있다. 어머니가 떠나고 난 뒤 처음에는 불안했고, 나중에는 어머니가 미웠다고 한다. 대부분의 자녀는 부모가 미워도 절대적으로 의지해야 하니 자기감정을 억압할 수밖에 없다. 이때 꿈에 나타나는 귀신이나 괴물은 종종 자신의 분노심이 바깥 세계의 어떤 대상으로 바뀌어 나타나기도 한다. 반대로 억압된 분노심이 꿈에서 자기를 공격하는 것으로 나타나기도 한다. 이런 현상을 정신의학에서는 '투사投射, Projection'라고 한다. 꿈에서 공격받고 쫓겨 다니는 내용이나 현실에서 막연하게 느끼는 공포심은 대개 자기 안에 내재한 분노와 관련이 많다.

정신치료는 억압된 감정을 안심하고 말하도록 도와주고, 스스로 자신의 감정을 받아들이는 과정이다. 자신의 진짜 감정(분노)을 이해하고 받아들이고 표현하면 불안과 공포에서 벗어날 수 있다. 치료가 진행됨에 따라 처음에는 자신이 공격을 받고 쫓기는 상황에서 점점 상대를 대적할 수 있는 꿈의 내용으로 바뀌어나간다. 처음에는 나약하게 대응하다가 나중에는 단호하게 제압할 수 있는 내용으로 꿈이 바뀌는 것이다.

꿈에 등장하는 사람이나 장소나 시간은 실제와 다를 수 있다. 그러나 꿈에서 느끼는 감정은 자신의 감정 상태를 그대로 드러낸다. 꿈을 이해하는 데에는 꿈의 상징을 좇아가는 지적인 노력보다 꿈속에 흐르고 있는 자신의 감정을 이해하고 느끼는 것이 정신치료에 가장 도움이 된다.

표현은 하되 폭발하지 말 것

많은 사람이 마음속 갈등을 해소하는 방법에 대해 궁금해한다. "불만을 참으면 병이 된다면서요?" "마음에 담아두면 안 된다지요?" 대부분 막연하게나마 '참으면 마음에 병이 생긴다' 정도로 이 문제를 아는 듯했다.

전통적으로 인격을 수양하는 데 있어 인내를 중요하게 여겼다. 마음의 갈등을 인내하여 극복하도록 했다. 그런 까닭에 오늘날 불만이나 갈등 해소를 위해 이를 참아야 하는지 참지 말아야 하는지 혼동이 있는 듯하다.

부모나 시부모와의 갈등으로 불만이 많은 환자에게

는 무엇이든지 마음에 일어나는 감정을 있는 그대로 솔직하게 표현하라고 한다. 그러면 '어떻게 나를 낳아 길러준 부모의 안 좋은 부분을 이야기할 수 있냐'고 반응하는 경우가 허다하다. 이는 감정을 '억압'하는 것이지 '인내'하는 것이 아니다. 즉, 참으라는 말은 억압하라는 뜻이 아니라 갈등이나 불만을 있는 그대로 표현하되 폭발하지 말라는 의미다. 다시 말해, 자신의 감정을 받아들이고 이해하며 지켜보란 뜻이다.

감정을 조절하지 못하고 폭발하게 되는 이유가 바로 여기에 있다. 평소 자기의 감정 상태를 있는 그대로 받아들이지 못하고 억누르기 때문이다. 부모에게 가지는 불만을 자각하지 못하고 억압하게 되면, 평소에는 부모에게 고분고분하다가 자기도 모르게 충동적으로 폭발하고 만다.

정신이 건강한 사람은 대인관계에서 억압도 하지 않고 폭발도 하지 않으며, 자기의 의사를 건강하게 주장한다. 자기의 감정을 억압하지 않을 때 비로소 부드러우면서도 강력한 충고나 주장을 할 수 있다. 그렇지 않으면 숨겨진 감정이 비수가 되어 상대방에게 말로 상처를 주게 된다. 핵심은 자신의 감정을 지켜보면서 받아들이는 훈련이다. 그것이 최고의 정신건강이다.

이와 관련해 '화'에 대해서도 많이들 묻는다. 화를 참으면 정말로 몸(정신건강)에 해로운지, 아니면 화는 참지 말고 폭발해야 하는 건지 궁금해한다. 결론부터 말하자면, 알려진 바와 달리 정신건강을 위해서는 화는 참아야 한다고 조언하고 싶다. 화를 억압하지 말고 화를 느끼되 화를 폭발하지 말고 화를 견뎌야 한다. 좀 어렵게 느껴질 수 있지만 정신건강을 위해서는 분노를 억압하지도 말고, 그런 감정을 표현하되 폭발하지 않는 것이 가장 좋은 길이다.

우리 사회에서 '화병'이라는 말은 널리 알려져 있다. 화난 감정 때문에 여러 가지 신체 및 심리적 장애가 일어나는 현상을 통틀어 부르는 말이다. '화'가 여러 가지 장애를 일으킨다는 통찰은 일찌감치 우리 전통 속에 내려오고 있었다. 서양의 정신분석에서도 대부분 정신장애의 원인이 되는 가장 근본적인 감정이 '인간의 적개심'이라고 보고 있다. 신경성 두통이나 신경성 위장병 그리고 신경성 피부병 등 소위 신경성 질환이 분노심의 억압과 밀접한 관계가 있다는 것은 이미 잘 알려진 사실이다.

간혹 '화병'이 마치 한국 문화와 관련해 우리 사회에만 고유하게 나타나는 정신장애로 잘못 이해되기도 한다.

과거 〈중국 고대 문헌에 나타난 한국인의 민족성〉이란 논문을 발표한 적이 있다. 과거부터 중국인들은 한국인을 묘사하기를 춤추고 노래 부르는 것을 좋아하는 민족으로서 감정 표현이 매우 풍부하다는 사실을 기술했다. 간혹 우리가 한이 많은 민족이라고 주장하는 이도 있지만, 다른 민족에 견줘 특별히 한이 많다기보다는 한을 푸는 방법이 매우 다양하게 발달한 민족이라고 볼 수 있다. 한풀이, 살풀이 등 푸는 방법이 다양하다는 말이다. 푼다는 것은 해결한다는 것이며 그것이 바로 정신건강을 도모하는 것이다.

인간은 태어나면서부터 원래 자신의 영원한 고향인 어머니의 따뜻한 배(자궁) 속으로 돌아가고자 하는 본능이 있다. 그것은 현실적으로 불가능한 일이니 인생 자체가 고통이고 불만이 생기게 마련이다. 만족이 되지 않으니 화가 나고 고통이 생겨난다. 가장 슬기로운 대처 방법은 화난 감정이나 마음의 고통을 느끼는 것이 우선이다. 다음으로 그것을 받아들이고 풀어나가야 한다. 이런 화에 시달리는 사람에게는 치료자나 부모가 화난 감정을 표현할 수 있는 대상이 되어주는 것이 중요하다. 강한 사람들은 스스로 견디고 해결해나가지만, 약한 사람을 위해서는 불만이나 억울한 심정을 들어주고 공감을 해줌으로써 점차 자신의 감정을 느끼고 스스로 받아들이도록 도와줘야 한다.

화난 감정을 외면하지 않고 폭발하지도 않으면서 그 감정을 잘 다스리면 정신이 건강해진다. 이른바 정신장애로부터 자유로워지며 폭력적인 행동을 일삼는 인격 장애나 우울증, 강박증, 알코올·마약 중독 등으로 진행되는 것을 막을 수 있다.

위기 개입 치료법

과거 농촌 지역에서 진료하며 독특한 특징을 가진 우울증을 발견한 적이 있다. 이 질환의 특징을 말해주는 핵심 단어는 '근면, 집착, 노인(65~70세), 우울증, 위기 개입, 부인의 동조, 무리한 노동'이다. 조합하면 '평생 부지런했던 노인의 갑작스러운 심각한 우울증'이다.

68세 농부가 평생 열심히 농사지으며 잘 살아오던 중 갑자기 우울증이 와서 살기 싫다고 한다. 입맛이 없어 식사를 전폐하다시피 하고 무기력하며, 자살 생각만 한다며 부부가 함께 방문했다. 부인도 무척 걱정스러운 표정이었다. 최근에 걱정할 만한 일이 있었냐고 물어보니, 전혀 그런 일 없이 무단히 우울증이 왔다고 한다. 최근 상황을 자세히 묻자 조금 과로한 것밖에 없다고 한다. 과수원에 접과* 작업을 한다고 조금 무리가 되었을 수 있다고 말했다. 여기에 우울증 발생의 중요한 실마리가 있었다.

우리나라에서 보통 정년은 60~65세다. 노동 능력은 사람마다 차이가 있겠지만 일반적으로 정년이 오기 전부터 조금씩 떨어지기 시작한다. 100세 시대에 60대는 젊다는 인식을 차치하고라도 정년이 다가올 나이부터는 자신의 노동 능력을 고려해 일을 줄여나가야 한다. 농사일도 마찬가지다. 간혹 일의 양을 줄이지 않고 젊은 시절처럼 일하는 사람이 있다. 바로 이때 조금이라도 무리를 하면 치명적인 상황이 닥친다. 젊은 시절에는 하루 이틀 푹 쉬면 회복되지만 나이가 들어서는 다르다. 회복이 잘 되지 않으면 당사자는 당황하게 된다. 그야말로 평생에 걸쳐 처음 겪는 경험이다. 온몸에 힘이 없고, 회복이 잘 되지 않고, 입맛까지 없어져 식사마저 못 한다. 노화 과정에

* 열매 수를 줄여 열매를 굵게 하려고 미리 꽃을 솎아서 줄여주는 일

있는 나이임에도 불구하고 젊을 때처럼 일의 양을 그대로 유지해서 과로가 축적된 것이다. 한순간 일이 터지는 현상이다. 회복이 안 되니 당황하고 놀라 급기야 우울증으로 진행이 된다.

사람이 부지런하다고 하면 의심할 바 없이 그 가치를 높이 평가한다. 그러나 최근에 경험한 바로는 반드시 그렇지만은 않다. 즐거움과 행복은 인생의 중요한 가치다. 부지런함에는 이 가치가 함께하기도 하지만, 많은 경우 그보다는 집착과 관련이 있다. 노화 과정에 있는 사람들의 급작스러운 우울증 발병의 원인 또한 이 집착과 관련한 부지런함에 있었다. 인간 행동 중 '근면성'이라는 가치 속에 집착이라는 감정이 숨어 있는 경우가 많다. 부지런함(근면성)의 가치에 대한 재평가가 시급해 보인다.

농부와 대화를 더 해보니 성장 과정에 결핍 동기가 도사리고 있었다. 집안 사정이 안 좋아서 끼니를 거를 때도 있었다고 한다. 악착같이 일해서 논도 사고 밭도 사는 재미로 살아왔다. 부지런했지만 사람들과 어울려 즐기는 것에는 별로 흥미를 느끼지 못했다.

부인의 성장 과정도 비슷했다. 둘 다 배불리 먹지 못한 '허기'라는 문제가 있었다. 그러다 보니 부부가 한평생

일에 집착하고 집안 경제를 끌어올리는 재미로 살아왔다. 부인은 여전히 남편이 빨리 회복해 다시 농사일로 수익을 올리기를 기대하고 있었다.

이런 우울증 환자를 치료하기 위해서는 재빠르게 그리고 적극적으로 개입해야 한다. 이를 위기 개입crisis Intervention 치료라고 한다. 적극적인 정신치료는 환자의 신체 상태가 호전된 후에 하더라도 기본적인 감정의 뿌리를 깨닫도록 도와주면서(정신역동•적 이해) 치료하는 것을 말한다. 농부 환자처럼 식사를 제대로 못 하고 신체적인 문제까지 동반한다면 바로 입원을 해 치료하는 것이 바람직하다. 수액을 맞히고 신체 상황을 적극 교정해줘야 한다. 또한 당분간 약물치료를 통해 낮에는 충분히 진정할 수 있도록 하고, 저녁에는 충분히 수면을 취하도록 해야 한다. 어느 정도 회복하면, 여태까지 왜 여유 없이 일에 매달려 살아왔는지 묻는 등 본인의 성장 과정 이야기를 천천히 들어주는 시간을 가져야 한다. 가난으로 인해 한 맺힌 감정을 자각하게끔 도와야 한다.

• psychodynamic. 개인의 과거 경험이 현재의 문제에 어떤 영향을 미치고 있는지 설명하고 이에 기반해 문제를 해결하려는 방법

공감이 건강한 인격을 발달시킨다

어느 날 불만이 가득 찬 남자 고등학생과 어머니가 진료실을 방문했다. 우선 학생에게 하고 싶은 말을 해보라고 했다. 학생이 말하기를 이제까지 부모가 자신에게 해준 게 하나도 없다고 불평했다. 그런데 놀랍게도 어머니는 자신의 인생을 그 아이에게 모두 바쳤다고 한다. 오직 자식을 위해 시간과 돈과 노력을 바쳤다는데, 도대체 어찌된 일일까? 만약 서로 불평하는 기회가 없었다면 영원히 착각 속에 살아갔을지 모를 일이다.

마음의 신경과학, 즉 '감정의 신경과학'이 의학의 주된 관심 분야로 떠오르고 있다. 2000년도 노벨 의학상을 수상한 에릭 캔델Eric Kandel이 40여 년간 '마음의 생물학'을 연구한 결과, 인간의 뇌는 과거의 견해와는 달리 경험과 기억에 의해 지속적으로 발달한다고 한다. 인간이 경험하는 정서적 경험은 지속적으로 뇌 발달에 영향을 끼친다는 주장이다.

신경과학의 발달로 증명된 바에 따르면, 아이를 키울 때 부모가 잘 반응해주지 않으면 아이의 뇌신경세포 발달에 장애를 초래한다고 한다. 특히 '6세 이전 부모와의 관계에서 정서적 경험'이 인격 성장에서 가장 중요한 요인이다. 정신분석가 하인츠 코헛Heinz Kohut은 소아기에 부모로부터 공감을 받지 못하면 정신장애가 생기며, 공감을 받지 못하는 것empathic failure이 정신장애의 원인이라고 지적했다.

오늘날 '공감'은 환자 치료에도 중요할 뿐만 아니라 개인의 인격발달과 사회적 성공을 위해서도 중요하다. 그렇다면 어떻게 하면 공감을 잘할 수 있을까? 정신분석가 프리다 프롬-라이히만은 환자 치료에 가장 중요한 것이 '경청'이라고 주장했다. 그의 말에 따르면 상대의 말을 듣고 난 뒤 바로 잘잘못을 판단하거나 교정해주려는 행동은 삼가야 한다. 우선 '상대방이 그렇게 생각을 하고 있구나' 하고 들어주어야 한다.

잘 듣는 것은 정신치료에서 제일 중요하다. 한자 '듣는다'는 뜻의 청聽자를 구성하는 요소가 귀 이耳, 밝을 임壬, 눈 목目, 마음 심心이다. 귀로 잘 듣고 눈으로 잘 보고 마음으로 잘 공감하는 것이 남의 말을 잘 듣는 것이다. 성인의 성聖자는 귀 이耳, 입 구口, 밝을 임壬의 석 자로 구성되어 있다. 남의 말을 잘 듣고 공감 반응을 잘한다는 것이다. 의사소통이 잘되며 곧 대화가 잘 된다는 뜻이다. 이것이 완전한 공감이다. 인간 성숙의 이러한 단계에 도달한 사람을 유교에서는 성인聖人이라고 한다. 정신치료자도 자신의 문제를 해결하는 과정(수련)을 거쳐야 한다. 끊임없이 자기 문제를 바라보고 해결해야만 성숙한 치료자가 될 수 있고 환자 마음을 더욱 온전히 공감할 수 있다.

세계적으로 유명한 미국의 상담치료자 칼 로저스는 치료자의 공감적 반응empathic response이 정신치료의 '치유인자'라고 했다. 정신치료자는 치료자의 인격으로 환자에게 새로운 정서적 경험을 제공하며, 그 결과 정신장애가 치료되고 환자의 뇌가 변화한다는 것이다.

이때 치료자나 부모의 개인적 욕심이 없어야 환자나 자녀들의 마음이 그대로 전달된다. 장자는 "텅 비어야 모든 것을 받아들일 수 있다"라고 했다. 부모의 마음이 '좋은 학교, 좋은 직장, 성공한 아이'로 가득 차 있다면 아이들의 목소리가 들릴 리 만무하다. 정신치료는 환자를 어떻게 치료해야 한다는 생각까지도 없이 그저 그들의 고통을 들을 뿐이다. 그러면 환자는 먼저 안전하게 느끼고, 불안이나 위협 없이 자신의 감정을 마음 놓고 표현함으로써 건강하게 자랄 수 있다. 서양 정신치료에서 공감이 바로 정서장애의 치유인자라는 사실은 동양에서 오래전부터 내려오는 전통인 마음을 비워야 자비심(仁)이 생기고, 그것이 만물을 살아나게(生) 한다는 말과 일치한다.

그렇다면 왜 부모나 치료자가 공감을 잘할 수 없는가? 바로 부모나 치료자의 개인적인 욕심 때문이다. 욕심이 치료를 방해한다. 욕심을 포함한 치료자의 편견을 환자에게 옮기는 것을 '역전이逆轉移'라고 한다. 그래서 훌륭한 치료자가 되기 위해서는 먼저 자기 자신을 치료해야 한다. 마음이 비어야 자녀나 환자의 마음을 잘 공감할 수 있다. 이런 점에서 서양의 인간주의 심리학humanistic psychology에서는 모든 인간이 성장 과정에서 결핍된 것을 추구하며(결핍 동기deficiency motivation) 살아간다고 했다. 부모들도 자기의 인생에서 채우지 못한 것을 자녀들에게 요구한다. 그러니 당연하게 자녀의 입장을 공감하지 못하고 부모의 욕심을 대신 보상해주기를 기대한다. 관심이 아니라 간섭을 하게 된다. 궁극적으로는 모든 사람이 자신의 욕심을 해결하는 것이 자녀를 건강하게 키우고 환자를 잘 치료할 수 있는 근본적인 해결책이다.

이처럼 정신의학에서 공감이 건강한 인격을 발달시키는 자양분이며 공감이 잘된다는 것은 서로 잘 통한다는 뜻이다. 완벽한 공감이란 완벽하게 통한다는 것이다. 공감을 하니 통하는 것이다. 정신장애를 달리 정의하면 서로 통하지 않아서 생기는 장애라고 볼 수 있다. 성인은 무소불통無所不通이라 하여 우주 만물과 통하지 않은데가 없다고 했다. 서양에서 말하는 최고의 정신치료자나 동양 전통에서 말하는 성인은 비록 그 경지에 차이가 있을지언정 지향하는 바가 같다고 볼 수 있다.

어느 국제정신치료학회 세미나에서 한 참석자가 당시 스위스의 유명한 정신치료자 메다드 보스Medard Boss에게 자신의 환자가 치료가 잘되지 않는다면서 어떻게 하면 치료를 잘할 수 있는지 물었다. 그가 대답하기를 "치료자인 당신 자신을 먼저 변화시켜라"라고 응답했다고 한다. 치료자가 자신의 집착에서 벗어나 마음을 비우면, 환자의 말에 더욱 공감하면서 환자가 치유된다는 뜻이다. 상대방(환자나 자녀)에 대한 이해와 공감은 머리로 하는 것이 아니라 자기 집착에서 해방되어야 상대방의 말이 들리는 것이다. 결론적으로 자기 마음을 보는 수행을 꾸준히 해야 한다.

부모의 태도와 정서적 안정감이 중요한 이유

정신장애 환자들이 자신의 병에 대한 태도와 느끼는 감정은 다양하다. 환자에 따라서는 자신의 증상에 대하여 매우 심각하게 받아들이고 불안한 마음과 심한 두려움 속에 살아간다. 어떤 경우에는 매우 담담하게 자신의 병을 받아들여 치료해나가기도 한다. 그러면 왜 환자에 따라서 자신의 병에 대해 받아들이는 태도가 다를까?

일반적으로 사람이 자기 자신을 바라보는 태도는 성장 과정에서 부모들이 아이를 대하는 태도에서 결정된다고 한다. 자신에 대하여 귀하게 여기는 마음, 즉 자존감selfesteem이나 자신감self-confidence, 자긍심self-approval은 부모가 아이를 존중하는 태도가 자기 속으로 들어가서 자신에 대한 태도의 바탕이 된다.

예를 들면, 남자아이를 바라는 가정에서 여자아이에게 바지를 입히고 머리를 남자아이처럼 깎아버리는 경우가 있다. 이때 여자아이는 자신이 여자라는 사실이 뭔가 잘못된 것이라는 마음을 갖게 된다. 성인이 되어서 여자로서의 긍지는 없고 여성이라는 '성 정체성gender identity'에 혼란을 초래하여 자신의 자녀들에게까지 건강하지 않은 영향을 미칠 수 있다.

또 다른 예로 아이들이 자라는 과정에서 같은 또래 아이들끼리 모여 성기를 만지면서 놀기도 한다. 대개는 부모가 자연스럽게 그러한 기회가 안 생기도록 조치한다. 하지만 어떤 경우에는 부모가 매우 놀란 모습을 아이에게 보이며 매우 야단치거나 꾸짖기도 한다. 이러면 아이는 영문도 모르고 자신이 뭔가 해서는 안 될 매우 나쁜 짓을 했다고 생각한다. 성적으로 자기 자신이 비뚤어져 있다는 생각과 자책감에 시달리기도 한다.

마찬가지로 간질과 같은 신체 증상에 대해서도 부모가 이를 대하는 태도에 따라 환자도 자신의 증상을 받아들이는 태도가 달라진다. 자신의 증상을 담담하게 받아들이고 일상생활을 비교적 잘 하는 경우도 있다. 그러나 자신의 증상에 대해 지나치게 비관적으로 생각한다든지 두렵게 받아들이는 경우도 있다. 부모가 자식의 증상에 대해 지나치게 놀라고 민감한 반응을 보이면 바로 그 모습을 보고 환자는 자신의 병에 대한 태도에 민감한 영향을 받게 된다.

정신분석 이론은 부모와의 관계에서 형성된 정서적 경험이 일생에 걸쳐 대인관계에 지속적인 영향을 미칠 뿐만 아니라 자기가 자신을 바라보는 태도(자기표상self-representation)의 기본이 된다. 이처럼 부모와의 관계에서 생긴 대인관계의 경험이 기억으로 남아 나머지 전 인생에 걸쳐 지속된다. 부모가 자신을 바라보는 태도가 자기가 자신을 바라보는 태도로 바뀐다. 자존감은 이런 원리로 형성된다. 부모로부터 존중을 받으면 자기를 귀하게 존중하는 마음, 즉 건강한 자존감이 형성된다.

어떤 의사를 선택할 것인가

정신장애인들은 정서적으로 얼은 상태凍土, frozen state에서 살아간다. 치료자는 그런 사람이 자유롭게 느끼고 생각하고 행동하도록 도와주는 사람이다. 서양의 유명한 정신분석가인 융은 "치료자가 함께 존재하는 것만으로도 환자는 치료된다"라고 했다. 다시 말하면 건강한 사람과 같이 있는 것만으로도 환자는 아무 불안 없이 자기가 느끼고 생각하는 무엇이든지 자유롭게 이야기하게 된다. 얼은 상태에 있는 환자에게 치료자는 그저 봄을 갖다주면 된다. 그러면 환자는 스스로 자라게 된다.

얼마 전 40대 남자 환자의 모친이 방문했다. 아들이 대형병원에서 1년 정도 치료를 받았다고 한다. 그런데 차도가 없어서 다른 대형병원에서 치료를 받고 싶다며 아들 대신 진료의뢰서를 발급받으러 온 것이다. 현 제도가 당사자가 내원한 후에 진찰을 받아야 의뢰서 발급이 가능하다고 설득한 후 돌려보낸 적이 있다.

정신장애 환자들은 장기간 치료를 받아야 하는 경우가 많다. 치료 초기에 환자나 보호자가 치료자를 잘 선택하는 것은 효과적인 치료의 바탕이 된다. 상대적으로 보호자들의 정신이 건강해야 환자에게 가장 적절한 치료자를 선택하는 과업도 수행할 수 있다.

위 사례와 같이 보호자에 따라서 환자의 의견을 물어보지 않고 무조건 유명한 병원을 좇아 진료받도록 하는 예도 있다. 정신장애는 치료자의 역할이 특히 중요하다. 환자를 진심으로 이해하고 관심을 가져야 치료 효과를 기대할 수 있다. 환자는 보호자와 치료자의 진정한 관심으로 치유된다. 이름난 병원이라면 치료자의 수준은 상대적으로 높을 수 있다. 그러나 3개월씩 약물 처방을 내고 5~10분간 면담하는 제도하에서는 치료적 소통을 기대하기 어렵다. 환자나 보호자가 치료를 위해서 스스로 해야 할 과업도 모른 채 수동적으로 약만 타 먹는다면 효과적인 치료 역시 기대하기 어렵다.

환자나 보호자가 이러한 방식을 선호할 때는 보통 약물치료에 만족한다. 과거보다 폭력성이 없어지고 얌전하게 잘 지내니 만족하는 것이다. 그러나 환자한테서 적극성, 감정의 표현, 진취성 등의 활기는 찾아보기 힘들다. 한마디로 '그냥 그저 잘 지낸다'라고 할 수 있다.

앞선 40대 남성 환자가 처음 내원했을 때 말하기를 어머니가 자기에겐 건성으로 대하고 남동생한테 관심이 더 많은 것 같다고 했다. 어머니는 오히려 자신은 맏이에게 관심이 더 많은데 아이가 오해한다고 하소연했다.

보호자가 환자의 감정을 들어주고 공감해주면 환자는 그동안 억압했던 감정이 풀리고 예전처럼 생기가 돌게 된다. 그러나 부모가 이러한 자식의 불만을 받아들이기 힘들면 과거에 단순히 약물치료만 했던 병원으로 옮기게 된다. 부모가 환자의 감정을 들어주기가 힘들기 때문이다.

정신치료는 객관적 사실관계를 따지는 것이 아니다. '환자의 심정을 듣는 것'이다. 그렇기에 위 환자의 경우 엄마와 왜 서로 상반되는 주장을 하는지, 이를 대화를 통해 차츰 풀어나가면 치유가 된다.

과거 학교 후배가 아들 문제로 연락이 와서 대학생인 그의 아들을 정신치료 한 적이 있다. 면담 중에 환자가 어머니의 통제와 간섭 때문에 견디기 힘든 점을 호소했다. 현재는 어린애처럼 어머니의 주장을 따라가고 마치 남이 보기에 사이좋은 모자지간으로 보인다고 했다. 일반적으로 증상이 호전되면 부모에게 자신의 의견을 주장하게 된다. 간혹 일시적으로 격한 감정을 보이기도 하고, 상당 기간 냉랭한 관계를 유지하기도 한다. 그래서 사전에 학생의 어머니에게 귀띔을 주었다.

아들이 자기주장을 하고 간혹 심한 감정을 보이는 건 증상이 호전되는 증거이니 잘 받아주라고 했다. 조금만 견디면 근본적으로 억압된 아이의 분노와 울분이 해결되어 경과가 좋아진다고 여러 차례 알려주었다. 그런데 그 부모에게서 연락이 왔다. "선생님과 상담 전에는 엄마와 사이가 너무 좋았는데, 치료받은 후부터 대드는 등 아이의 상태가 나빠졌다"며 불만을 호소했다. 급기야는 아이에게 다른 의사한테 가도 좋으나 허찬희 선생한테 가면 치료비를 못 대준다고 선언했다. 아이는 과거 치료자한테는 치료를 안 받겠다고 하면서 부모와 갈등을 빚었다. 학생의 아버지도 전화로 항의해 가정에 풍파를 일으켰다며 불만을 호소했다. 결국 치료는 중단되었다.

학생이나 아동을 치료할 경우 치료자는 부모가 견딜 수 있는 만큼의 치료를 제공하게 된다. 어떤 치료자를 선택할지는 부모의 무의식에 좌우되는 경우가 많다. 약을 먹고 문제만 일으키지 않으면 된다는 식의 부모들은 결국 그들 취향에 맞는 치료를 선택하게 된다.

약물에 대한 오해와 진실

정신분열병이나 조울병과 같은 정신병 환자의 약물 치료에 대해 궁금해하는 분들이 많다. 치료제가 독하진 않은지 혹은 오랜 기간 먹으면 약에 중독되는 것은 아닌지, 또 약을 먹으면 멍한 모습을 보이기도 하는데, 혹시 인격이 바뀌는 것 아니냐는 우려도 한다.

항정신병 약물이 개발되기 전에는 정신병으로 나타나는 증상을 치료하기 위해 여러 방법이 시도됐다. 망상이 심하고 흥분을 잘하는 환자에겐 입원을 시키는 방법 외에도 기름에 끓인 유황을 굵고 긴 주삿바늘로 엉덩이에

찔러 뼈를 둘러싸고 있는 골막에 닿게 주사를 놓기도 했다. 이렇게 하면 환자가 통증에 정신이 팔려서 망상을 덜 하게 된다고 믿었다. 좀 더 발전된 치료법으로는 인슐린을 주사해 혈당을 떨어뜨려 혼수상태에 빠지게 한 다음 포도당 주사를 놓아 서서히 혈당을 정상으로 올려 의식을 회복시키는 것을 반복하기도 했다. 어쨌든 혼란한 정신 상태인 환자의 의식을 인위적으로 멈추게 한 후 다시 이를 회복시켜 광적인 증상이 호전되기를 기대하는 치료법이었다. 1960년대 들어 클로르프로마진chlorpromazine이라는 항정신병 약물이 개발되면서 정신병 치료에 획기적인 발전이 시작됐다. 물론 지금도 끊임없이 새로운 항정신병 약이 개발되고 있다.

일반적으로 '정신과 약은 독하다'라는 잘못된 선입견이 있다. 그러나 현재까지 수많은 항정신병약이 개발되어 치료에 쓰이고 있다. 사실 어느 한 가지 약이 다른 약보다 효능이 월등한 경우는 없다. 비록 '정신분열병'이라는 진단명을 쓰지만 사실은 개인에 따라 그 증상이 천차만별이다. 약의 선택은 각각의 증상에 따라 각 개인에게 가장 알맞은 선택이 필요하다. 자신을 해치거나 남을 공격하는 경우 진정 효과가 강한 약을 써야 한다. 대인관계를 꺼리고 남과 어울리기 싫어 혼자 은둔 생활을 할 때는 활동을 증진할 수 있는 약을 처방해야 한다. 약의 효과 중에 진정 효과가 강하다고 해서 간이나 신장 등에 독성이 있는 것은 아니다. 항정신병약도 신체질환에 사용되는 다른 어떤 약과 마찬가지로 엄격한 과정을 통해 개발되고 있다. 특별히 정신질환 치료에 쓰이는 약이 독성이 강하다는 선입관은 오해에 불과한 '잘못된 진실'이다.

항정신병약의 중독성(습관성)에 대해서도 잘못 알려져 있다. 증상이 호전된 뒤에도 정신병의 재발을 막기 위해서는 약물치료를 지속해야 한다. 약에 중독돼서 끊지 못하는 것이 아니다. 고혈압이나 당뇨병 관리를 위해 거의 평생 약을 쓰면서 관리하는 것과 마찬가지다.

정신과 약을 오래 먹으면 인격이 황폐해진다는 것도 잘못된 상식이다. 간혹 만성이 된 정신병 환자 중에 인격의 변화가 동반된 경우도 있으나 이는 약의 부작용이 아니다. 그보다는 정신병 관리에서 꾸준히 약을 쓰지 못해 재발을 자주 할 때, 인격의 변화가 동반되는 사례라고 볼 수 있다. 효과적인 정신병 치료를 위해서는 병의 재발을 막는 것 또한 중요하다. 정신치료와 더불어 지속적인 약물치료를 병행해야 하는 이유다.

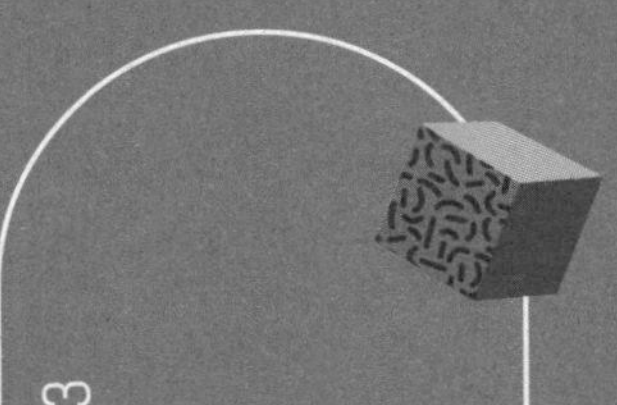

Part 3

사회 문제 이면에는 개인 내면의 문제가 숨어 있다

과거 아버지를 살해한 사건이 비슷한 시기에 동시에 일어난 적이 있다. 두 사건 모두 범죄를 일으킨 아들이 효자라고 동네에서 소문난 사람들이었다. 한 사건의 경우 미국 유학까지 다녀온 젊은 교수가 바로 그런 범죄(존속살해)를 저질렀다. 그 젊은 교수는 어릴 때 아버지에 대한 분노심이 있었는데, 그가 성인이 되고선 아버지 성격도 많이 바뀌어 당시에는 집안에서 과거와 같은 행동을 하지 않는 시기였다. 이 사건은 젊은 교수가 그간 마음속에 아버지에 대한 분노를 억지로 참고 살다가 '때 늦게 폭발하게 된 경우'라고 볼 수 있다.

만약 성인이 되어 아버지와 술 한잔 나누면서 "아버지, 예전에는 왜 그렇게 행동했습니까, 지금 이렇게 점잖은 분이"라면서 마음 놓고 대화하면 그의 분노가 풀렸을 것이다. 혹은 당시 정신치료를 받아 그토록 답답한 마음을 표현했더라면… 하는 (치료자로서의) 아쉬움이 있다. 아버지에 대한 감정을 자각하거나 표현할 수 없으니 '밀면 자빠질 팔십 노인이 된 아버지'가 여전히 무섭게 느껴지는 것이다.

감정을 조절하지 못하고 폭발하게 되는 이유는 평소 자기의 감정을 있는 그대로 인정하면서 받아들이지 않고 억누르기 때문이다. 감정은 폭발하지도 말고 억압하지도 않고 단지 지켜봐야 한다. 부모에게 가지는 불만을 자각하지 못하고 억압하게 되면 평소에는 고분고분하다가 자기도 모르게 충동적으로 폭력을 휘두르고 만다.

정신이 건강한 사람은 대인관계에서 자기의 의사를 건강하게 주장할 수 있는 사람으로 자라난다. 상대방에게 자기주장을 하더라도 부드러우면서도 강력한 충고나 주장을 할 수 있다. 그렇지 않은 경우에는 적개심이 내재되어 상대방에게 상처를 주거나 심하게 폭발하게 된다. 이는 가깝게는 가정폭력의 원인이 되고, 넓게는 히틀러와 같이 전쟁을 일으키는 독재자가 되기도 한다. 이렇듯 사회적으로 큰 문제가 되는 각종 범죄나 이슈의 이면에는 개인 내면에서 일어나는 다양한 문제가 숨어 있는 경우가 많다.

개인의 욕망을 다스리는 노력이 필요하다

사이코패스와 우울증

최근 우리 사회는 연쇄살인 사건과 같은 흉악한 범죄가 반복적으로 일어나 그에 대한 우려가 깊다. 이들 사건과 관련해 자주 등장하는 단어가 바로 성격장애 유형 중 하나인 사이코패스psychopath다. 사이코패스의 특징에 대한 전문가들의 견해는 대체로 비슷하다. '양심의 가책을 못 느끼고' '남을 괴롭히는 반사회적 행동을 일삼으며' '어린 시절부터 품행장애 증세를 보인다'. 치료 측면에서 '사이코패스는 치료가 안 된다'라고 본다. 그러나 사회 보호 정책 차원에서 이러한 정보는 도움이 되지 않는다. 또

시민들 입장에서는 '자녀들을 어떻게 보호해야 할 것'이며 '어떻게 하면 건강한 인격의 소유자로 키울 수 있을까' 걱정하지 않을 수 없다.

인기 연예인들의 자살 사건도 마찬가지다. 비단 연예인만의 문제가 아니다. 보도만 안 됐을 뿐 여전히 자살 사건은 현재 진행 중이다. 연예인들의 자살 사건 역시 사이코패스 사건과 마찬가지로 연일 기삿거리로 다루며 여러 가지 해결책과 처방을 내렸다. 그러나 현실은 어떠한가? 우울증과 자살 문제를 연관지으며 그 해결책으로 우리에게 남은 것은 무엇인가? '우울증은 뇌질환이니 감기처럼 누구나 걸릴 수 있다' '약을 먹으면 치료가 된다' '햇볕을 쬐는 것이 좋다'. 대중에게 전달된 우울증에 대한 가장 대표적인 정보이자 해결책이다.

사이코패스나 우울증 모두 사랑이 채워지지 않아 생기는 허전한 마음과 관계가 있다. 두 가지 모두 사랑받고 싶은 마음이 좌절되어 분노가 생기는 비슷한 과정을 겪는다. 단지 우울증은 그 분노를 해소하는 과정에서 자기를 해코지하거나 죽음으로써 부모나 사회에 복수하는 것이고, 사이코패스는 남을 괴롭혀 자신의 적개심을 처리한다는 차이가 있다. 외로움과 허전함은 결국 사랑이 채워지지 않아 생기는 마음의 현상이다.

대표적인 사이코패스인 강호순은 성폭력 범죄자로 연쇄살인을 저질렀다. 성폭행은 성적 충동과 관련이 있으며, 성적 충동은 사랑받고 싶은 마음이 극단적으로 왜곡되어 나타난 것이다. 살인행위는 극도의 분노 표현이라고 볼 수 있다. 인간의 가장 보편적인 갈등의 뿌리인 사랑받고 싶은 마음과 그것이 좌절되어 나타나는 적개심, 이 두 가지가 범죄행위에 극명하게 함축되어 나타나는 정신병리 현상이다. 이런 점에서 사이코패스 증상은 우리가 전혀 이해할 수 없는 것이 아니라 충분히 짐작이 가능한 정신병리 현상이다.

세계적으로 유명한 미국의 상담치료자 칼 로저스는 인간의 불안과 정신장애는 부모의 기대expectancy 때문이라고 했다. 부모의 기대와 욕심은 자녀들을 항상 사랑에 굶주리는 상태로 몰아가고, 그것은 우리 인간의 욕망과 분노의 씨앗이 된다. 자녀들에게 간섭하면 오히려 성장에 장애가 된다. 맹자는 억지로 자라게 하지 못하게 했다(不助長). 조장하지 말라는 뜻이다. 그것은 부모의 욕심을 경계한 것이다. 유교의 핵심은 자신의 욕망을 다스리는 것이다(克己). 많은 전문가는 사이코패스나 우울증을 산업화와 같은 환경적인 원인과 관련짓는다. 그러나 사회를 그 원인으로 이해하고 해결하려는 시각보다 각자가 성장해 온 가정적 배경을 우선 검토하는 것이 바람직하다. 먼저 인간의 욕망에서 비롯되는 문제로 인식하고, 가정 속에서 부모와의 관계를 이해하려는 노력이 우선되어야 한다.

더욱이 사이코패스나 자살 문제는 극소수 특정인에게만 나타나는 현상이 아니다. 정도의 차이가 있을 따름이지 그러한 경향이 우리 모두에게 있다. 그 이유는 대부분 우리는 각자 해결되지 않은, 남으로부터 인정받고 사랑받고 싶은, 욕망의 지배를 받기 때문이다.

그렇다면 우리는 어떻게 대처해야 하는가? 나와 무관한 그들만의 문제가 아니라 나를 포함한 우리 모두의 문제라는 것을 알아야 한다. 또한, 사회 전체가 병들어 있다는 것을 자각해야 한다. 자식을 키우는 부모들은 자신의 자녀 양육 태도를 점검해야 한다. 지금도 자살을 생각하는 많은 우리의 자녀가 있다는 것을 명심해야 한다. 심한 사이코패스는 아니더라도 수많은 잠재적 사이코패스가 있다는 사실을 잊어서는 안 된다. 그래도 많은 부모가 자기 욕심을 채우는 수단이 아닌 그저 조건 없는 사랑을 자녀에게 주었기에 그 힘으로 우리 사회가 버텨가고 있는

지도 모른다.

부모의 기대와 조건부 사랑이 모든 인간의 정신장애와 범죄행위의 원인이 된다고 해도 과언이 아니다. 일차적으로 사회 전체의 문제로 접근하기보다 각 가정의 문제로 접근하는 것이 바람직하다. 캠페인으로 해결하려고 해서도 안 되며, 쉽게 해결하려고 해서도 안 된다. 궁극적으로 개인의 욕망을 다스리려는 노력이 우선되었을 때 우리 사회의 심각한 이슈인 사이코패스와 자살을 포함한 우울증 문제를 근본적으로 해결할 수 있다.

무엇이 자살로 몰고 가는가

한국 사회의
자살 문제

통계청 발표에 의하면 우리나라의 자살률은 경제협력개발기구OECD 국가 중 가장 높다. 이처럼 심각한 사회 문제인 자살에 대한 우리 사회의 이해는 턱없이 부족할 뿐만 아니라 안이하고 피상적으로 다루고 있다.

인간에게 가장 고통스럽고 극심한 스트레스를 유발하는 사건은 무엇일까? 자식을 먼저 세상을 떠나보낼 때다. 그러나 비록 그 경우에도 우리는 자살의 길을 선택하지 않는다. 자살로 몰고 가는 정신병리의 깊이는 우리가 생각하는 이상으로 심각하다. 예를 들면 연예계에서 '인기를 유지하는 데 대한 부담감'이라든지 '가족의 죽음에 대한 슬픔'이라든지 '경쟁 사회에서 심리적 부담감' 등의 이유는 이차적인 동기일 수 있다. 자살 사건에서 그보다 먼저 고려해야 할 것은 자살자가 정신병과 마찬가지로 매우 심각한 마음의 상처를 안고 있었다는 점이다.

정신치료 경험을 토대로 볼 때 인간에게 가장 뿌리 깊은 고통은 외로움과 허전함이다. 이 감정은 태어나서 6세 이전에 맺는 부모와의 정서적인 유대관계에서 생긴다. 이 시기에는 부모, 특히 어머니의 따뜻한 보살핌과 공감적 태도가 중요하다. 부부 사이 갈등이나 어머니의 부재, 그리고 어머니가 함께 있더라도 아이의 심정을 잘 공감해줄 능력이 없으면 아이는 항상 소외감과 배척감 속에 살아가게 된다. 성인이 되어도 마음 한켠에 이러한 감정이 남아 항상 외롭고 허전하다.

자살 기도에 실패한 한 청년은 심층 면담을 통해 처음엔 친구로부터 따돌림을 당해 자살 기도를 했다고 생각했는데, 어릴 때 가족 속에서 생긴 소외감이 근본적인 뿌리라는 것을 알게 되었다고 했다. 따돌림이 문제라면 자살을 기도하는 깊은 정신병리까지는 생기지 않는다.

이처럼 자살 문제를 피상적으로 다루다 보니, 자살

을 기도하는 많은 사람이 자신의 자살 동기에 대해 명확하게 설명하지 못하는 경우가 허다하다. 진정한 자살 동기도 모른 채 목숨을 버리려는 것이다. 현재 자신의 괴로움이 어린 시절 채워지지 않은 허전함이라는 사실을 자각하지 못하기 때문이다. 스스로 해결해보려고 애를 써보지만, 실마리가 잡히지 않고 혼란에 빠지게 된다. 그러니 먼저 전문가와 면담을 통해서 실마리를 찾아야 한다.

여기서 가장 중요한 것은 부모가 좋은 관계를 유지하고 자녀들의 심정에 공감할 수 있는 양육 태도를 갖는 일이다. 이는 자녀들의 정신건강에 매우 중요하다.

자살의 경우 정신병리가 깊고, 그 정서적 뿌리가 인생의 초기에 부모와의 관계에서 비롯된다는 것을 자각해야 한다. 부모-자식 간의 관계는 가정의 기초가 되는 부부관계에서 시작한다는 사실을 염두에 두고 해결을 모색해나가야 한다. 결혼이란 부부만의 문제가 아니다. 자녀에 대한 책임이 포함되며 일생에 걸쳐 부단히 노력해야 한다. 그래야만 오늘날 우리 사회에서 심각한 문제로 대두되는 우울증으로 인한 자살 문제를 해결할 수 있다.

정서적 교감의 결핍과 적개심을 살펴야

성범죄 사건과
묻지 마 범죄

잇달아 일어나는 성범죄 사건과 '묻지 마 범죄(이상동기 범죄)'로 사회가 불안하다. 범죄 예방과 재범 방지를 위해서는 범죄자들에 대한 정신치료(상담)가 요구된다. 이들을 치료하면서 느낀 점은 예상외로 성폭력 범죄자들이 어릴 때 가정(아버지) 폭력에 노출된 경우는 매우 드물었다. 오히려 어머니와의 정서적 교감에 결핍이 컸다. 이들에게 어머니의 이미지는 '일에 시달리며 삶에 지친 모습, 가까이 다가갈 수 없는 느낌, 자신의 고민을 말하기가 힘들 정도로 불쌍한 모습, 쌀쌀하고 냉랭한 모습'이었다. 어머니에게 고민을 마음대로 표현할 수 없었고, 하소연한다 해도 오히려 미움받을 것 같았다고 호소했다.

아동 성범죄로 무기징역 처분을 받아 세간에 널리 알려진 K의 경우, 어린 시절 어머니가 정신병에 걸려 횡설수설할 때 무당이 와서 굿을 했다. 그 무당이 자신에게 칼을 잡게 한 것, 또 술에 취한 아버지에게 폭행당해 피를 흘리며 괴로워하는 어머니 모습을 기억하는 것이 가장 힘들었다고 호소했다. 한마디로 이 세상을 살아가는데 보호자가 없었던 셈이다. 그는 최근 4년간 교도소 생활을 하다가 출소 후 두 달 만에 다시 범죄를 저질렀다. 구금된 동안 정신병 진단을 받고 소위 항정신병 약물 '리스돈'을 복용했다. 출소 후 완치되었다는 생각에 바로 약물 복용을 중단하며 재발한 것으로 보였다.

사건 발생 후 유명 법정신의학자와 대학병원 정신과 주임교수에게 정신감정을 받았으나 정신장애가 없는 것으로 결과가 나왔다. 그러나 그는 이미 정신분열병 진단을 받았고 장기간 약물치료를 받아온 전력이 있다. 단지 출소 후 책임지고 보살피는 보호자가 없어 약물 복용을 중단한 상태였다. 당시 본인이 정신감정한 바로는 정신장애가 있는 것으로 판단했다. 서로 다른 정신감정 결과였다. 결국 고등법원 재판관이 정신장애가 있는 것으로 최종 판단해 사형에서 무기징역으로 감형을 받았다. 10년이 지난 후 들어보니 그는 역시 정신분열병 상태로 정신병 교도소에서 생활하고 있었다. 정신질환으로 인한 범법인 경우 정신장애 진단을 철저히 해 환자의 인권도 보장해줘야 한다.

부모의 관심과 사랑을 받고 자라야 할 아이에게 부모가 불쌍하고 처량한 모습으로 보이는 건 아이에게는 그것 자체로 절망과 위협이다. 장차 사랑에 한없는 갈증이 생기게 되고, 이것이 충족되지 못하면 분노와 적개심으로 자란다. 정신치료에서 치료자는 환자가 성장 과정에서 부모와 경험한 감정, 즉 '분노'를 중점적으로 다룬다. 특히 묻지 마 범죄자의 대부분은 한결같이 사회가 자신을 냉대하고 소외시키며 무시한다고 생각한다. 분노는 억압될 경우 우울증을 포함한 여러 가지 정서장애를 초래한다. 그것이 폭발할 경우 성범죄를 포함한 여러 가지 폭력적 행동을 보인다.

미국의 저명한 정신분석가 레온J.사울Leon J. Saul은 "적개심이 정서장애에 가장 중심적인 역할을 한다는 것을 모르면 유능한 정신치료자라고 할 수 없다"라고 말할 정도로 정신치료에서 분노를 중요하게 보고 있다.

'묻지 마 범죄'의 경우 범죄자가 성장 과정에서 상처 받은 시기가 이를수록 범죄의 정도가 심각하다. 아주 무의식적인 충동이라 사건을 일으킨 합리적 이유의 추론이 불가능하다. 그래서 범죄의 원인을 살펴봐도 답이 나오지 않는다. 그래서 소위 '묻지 마 범죄'가 된다. 이들 범죄에 대해서는 범죄자가 성장 발달 단계에서 아주 어릴 때 상처를 받은 것으로 추정할 수 있다.

범죄자들은 자라면서 생긴 분노를 그때그때 효과적으로 처리하지 못하는 경우가 많다. 부모가 너무 무서워 화를 억압하기도 하고, 부모가 아예 하소연할 대상이 되어줄 수 없어 분노를 해소할 수 없는 경우도 허다하다. '묻지 마 범죄'의 본질을 이해하기 위해서는 범죄자가 가족 속에서 쌓아간 정서적 경험과 적개심의 형성 배경을 먼저 이해해야 한다. 그래야 해결책을 모색하고 재범을 방지할 수 있다.

오래전 미국 뉴욕주 및 뉴저지주 내의 성범죄자 치료센터를 시찰한 적이 있다. 먼저 어마어마한 시설에 놀라움을 금할 수 없었다. 그보다 놀란 것은 엄청난 전문 인력의 규모였다. 뉴저지주 성범죄자 치료센터에는 당시 400여

명의 재소자를 위하여 심리학자 30명, 사회복지사 25명이 일하고 있었다. 우리나라의 경우 1,000명의 재소자를 위해 각 분야당 5명 정도의 전문가가 일하고 있는 실정이다. 성범죄자 관리를 위해서는 관련 치료전문가의 과감한 충원 등 정부의 적극적인 지원책이 필요하다.

건강한 부모,
건강한 가정

총기 난사 사건

미국에서 총기 사건이 끊이지 않고 있다. 그러다 보니 총기 사용 규제와 폭력성을 조장하는 게임산업 규제에 대한 논의가 뜨겁다. 그러나 이것만으로는 근본적인 해결을 기대할 수 없다. 효과적인 대책을 세우기 위해서는 우선 총기 사건의 본질을 이해해야 한다. 총기 사건의 본질은 인간의 증오심과 복수심이 연결되어 있다는 점이다. 이와 더불어 주목해야 할 점은 증오심의 대상으로서 '부모와 가족'이 그 한가운데 자리 잡고 있다는 사실이다. 그 피해 대상이 가족 외 직접적인 연관이 없는 사람들에게

확대되기도 한다. 하지만 본디 대상인 부모에 대한 애증의 갈등, 즉 사랑받고 싶은 마음과 그것이 채워지지 않아 생기는 미운 감정이 다른 사람에게 옮겼을 뿐이다.

2012년 미국 코네티컷주에서 20대 남성이 어머니를 먼저 살해하고 어머니가 유치원 자원봉사자로 근무하는 초등학교를 찾아가 유치원생 20명과 교직원 등에 총격을 가하고 자신도 자살하는 사건이 벌어졌다. 범인인 애덤은 어릴 적부터 소외된 삶을 살았다고 한다. 특히 어머니는 그를 집에 홀로 남겨두고 밤에 동네 술집에 놀러 나가는 일이 잦았다. 사건 얼마 전 장남인 형 라이언과 뉴올리언스로 콘서트를 보러 갔을 때도 애덤은 집에 홀로 남아 있었다. 범인에게는 유치원 아이들에게 어머니의 관심을 빼앗겼다는 소외감도 있었을 것이다. 엉뚱하게 애꿎은 유치원생에게 복수한 것이다.

같은 해 미국 뉴멕시코주 앨버커키 가정집에서 15세 남자인 니어마이어가 자신의 부모와 동생 등 가족 다섯 명을 총으로 쏴 숨지게 했다. 그는 10남매 중 일곱 번째 아이로 범행 일주일 전부터 어머니에게 앙심을 품고 범행 계획을 세웠다고 한다. 어머니를 살해한 후 죽은 어머니의 사진을 여자 친구에게 휴대전화로 전송하고 세 명의 동생을 잇달아 살해한 뒤 귀가하는 아버지까지 살해했다. 이 사건에서도 부모에 대한 불만과 더불어 동생들에게 관심을 빼앗길 수 있는 상황을 충분히 짐작할 수 있다. 총기 난사 사건이 우발적이라기보다 오히려 오랫동안 겪은 갈등의 흔적임을 충분히 엿볼 수 있다.

총기 사건의 경우, 부모로부터 밀려난 소외감 때문에 생기는 감정이 그 원인일 때가 많다. 총기를 소유할 수 있는 문화적 배경이 달라 살상의 규모는 다를지언정 자제력을 잃어 폭력을 행사하는 원인적 측면에서는 우리 사회와 다를 바가 없을 것이다.

정신분석을 통해 폭력을 포함한 노이로제나 정신병의 주요 원인이 건강하지 않은 친자(부모-자식)관계에서 비롯된다는 사실이 밝혀지고 있다. 또 형제간에 사소하게 일어나는 경쟁심과 소외감이 장차 폭력을 포함한 정신장애를 일으킬 수 있는 유발 요인이 될 수 있다.

총기 사용이나 폭력 게임 규제에 대한 정책적인 노력도 중요하다. 하지만 보다 근본적인 처방은 일차적으로 '건강한 부모, 건강한 가정'을 도모하는 일이다. 총기 사건이 우발적 사고가 아니라는 사실은 우리가 잘 대비하면 충분히 극복할 수 있는 문제임을 시사한다. 만약 아이들의 문제가 가정에서 해결이 안 될 경우 학교에서 사고를 일으킬 가능성을 고려하지 않을 수 없다. 그런 학생들에게 관심을 기울이고 사고를 미리 방지하는 것도 좋은 방법이다. 정책적 배려나 사회적인 노력은 당연히 중요하다. 다만 그 이전에 우선 '가정'에서 정신건강을 도모해야 한다. 이차적으로 학교에서 아이들에게 정신보건 서비스를 제공하는 기능과 역할을 지원하고 강화하는 것이 필요하다. 더불어 가정에서 아이와 건강하게 지낸다고 생각하더라도 부모는 아이의 일상을 자주 들여다보는 것이 좋다.

총기 난사 사건은 범죄자의 감정이 범행과 직접 연결되어 있다. 그렇지만 범죄자의 분노가 범행과 연결이 안 되고 엉뚱한 데로 발산한 것이다. 불행히도 전문가의 대책은 오직 한 가지밖에 없다. '범죄자를 더 엄하게 처벌해야 한다.' 마치 유일한 해법 같다. 이런 분위기에서 '가족 내에서 성장 과정이나 환경을 점검해야 한다'라는 논평은 좀처럼 하기 힘들다. '사회가 잘못해서 생긴 범죄를 가족에게 떠넘긴다'라고 항의하기 때문이다. 국회나 정부도 '범죄자의 형량을 높이는 대책이나 정책'을 약속한다.

이제는 과감하게 우리 사회를 향한 책임이라는 전제하에 이러한 문제를 우리 자신 그리고 가족 문제로도 검토해볼 수 있어야 한다. 이러한 목소리를 가진 용기 있는 리더가 우리 사회에 절실하다.

상호 정서적 문제 해결이 우선되어야

왕따 문제

오늘날 왕따 문제의 해결 방식은 '가해자를 어떻게 처벌할 것인가'에 초점을 맞추는 듯하다. 왕따 문제를 피해자와 가해자의 대결 구도로만 이해하는 것이다. 이는 아동이나 청소년 사이에 일어난 문제임에도 교육적 고려보단 성인의 해결 방식을 따르려는데 그 원인이 있다. 그렇다면 왕따 문제를 해결하기 위해 어떤 부분들을 고려해야 할까?

수년 전 한국정신치료학회 심포지엄에서 왕따는 가

해자와 피해자 모두 문제가 있다는 요지의 논문을 발표한 바 있다. 왕따 문제는 '가해자-피해자'의 다툼 문제를 해결하는 차원에서 벗어나 양측 모두 정서적인 문제가 있기에 이를 해결하는 방식으로 접근하는 것이 바람직하다. 무엇보다 왕따 문제에서 주목해야 할 점은 인격 성장 과정에 있는 당사자들과 함께 반드시 '제삼자'인 양측의 부모가 개입된다는 점이다. 그러므로 문제를 해결하기 위해서는 부모의 정서적 상태도 반드시 고려해야 한다.

먼저 피해자의 경우 상대가 공격해올 때 당당하게 상대하는 능력이 왜 자라지 못했는지 살펴보고 상담치료를 할 필요가 있다. 대개 자기 집안에서도 형제나 부모에게 자기주장을 못 하는 인격으로 자란 예가 많다. 이런 경우 원래 자신의 문제를 자각하고 해결할 수 있도록 부모에게 가족 상담의 기회를 제공하는 것이 바람직하다. 일단 학생의 사기를 올려주고, 집안에서 존중받는 분위기를 느껴 당당하게 자기주장을 할 수 있는 인격으로 성장시켜야 한다. 가해자의 처벌에만 매달려서는 안 된다.

가해자의 경우 그 공격성의 뿌리가 대개 가족 속에서 자라기 때문에 가족 내 정신역동을 잘 살펴봐야 한다. 부모나 형제로부터 무시당하거나 소외당했다면 가해자는 가족 내에서 생긴 적대적인 감정을 학급 내 약해 보이는 학생을 희생의 대상으로 삼아 그 감정을 옮기게 된다. 따라서 가족 내에서 자신의 불만을 마음 놓고 토로할 수 있도록 도와줘야 한다. 궁극적으로 가해자의 행동은 학생 규정에 맞게 처벌은 하되 처벌한 후 두 학생이 학교생활에 잘 적응할 수 있도록 도와야 한다. 처벌만이 능사가 아니라 울분을 정화하도록 도와줘야 한다.

이때 양측 가족 입장도 함께 살펴봐야 한다. 아이들의 정서적 회복을 위하여 각자 부모들의 정신건강 역시 보살피도록 안내하는 것이 효과적인 해결 방안이다.

만약 학생 사이에서 발생하는 '폭력적 가해나 피해' 문제를 단지 법적으로 잘잘못을 가리려고 하면 더욱 심각한 상황이 생긴다. 어느 한쪽의 보호자가 마음껏 복수하기를 원할 경우도 마찬가지다. 교사들의 중재는 물론 학교폭력위원회의 결정이나 권유를 무시하고 상황을 심각하게 악화시키는 경우가 허다하다.

결론적으로 학생들 사이에 일어나는 왕따 문제의 해결은 상호 정서적 문제의 해결이라는 방식으로 처리해야 한다. 분쟁 조정의 책임자는 준사법권이 부여된 상담전문가가 맡는 것이 효과적이다. 학교에서 일어난 학생들의 문제를 부모가 나서서 고소나 재판까지 진행되는 것은 막아야 한다. 이 기회를 통해 학생들은 자기를 바라보고 성찰하는 시간을 가질 필요가 있다. 다툼을 효과적으로 풀어나가는 지혜를 습득하는 기회로 삼는 것이 바람직하다. 정신건강이란 대화와 타협이다.

Part 4

당신을 위한 비대면 상담실

개원 초기 우리 클리닉(의원) 홈페이지에서 비대면 〈공개 상담 코너〉를 신설해 운영했다. 당시만 해도 정신과 진료를 선뜻 받으러 가는 데 어려움이 있었다. 정신과 개원의 수가 많지 않았을뿐더러 무엇보다 남의 시선에 신경이 많이 쓰였던 시절이었다. 사람들 역시 어떤 문제로 정신과 진료를 받아야 하는지 익숙지 않았다. 상담 비용에 대한 막연한 부담 또한 고려하지 않을 수 없었다. 여러 이유로 사람들이 병원에 찾아가기를 망설인다는 사실을 알고, 나는 비대면으로 상담 코너를 운영하기로 마음먹었다. 단, 공개적으로 질문하고, 그에 대한 상담 내용을 누구나 볼 수 있게 함으로써 위의 여러 가지 문제를 한꺼번에 해결할 수 있도록 했다.

비대면 상담 코너가 진행되자 너나 할 것 없이 용기가 생겼는지 마음속에 담아둔 괴로운 문제를 마음껏 질문하기 시작했다. 특히 병원에 직접 내원할 수 없는 분들이 비대면 상담 코너에서 큰 도움을 받았다며 많은 편지를 보내왔다. 공개적으로 문의하고 답변하는 가운데 자신의 문제를 저절로 해결할 수 있었다는 사연도 있었다. 인간은 보편적으로 비슷한 문제로 고통받기에 남의 고통에 대한 치료자의 답변이 도움이 되었던 것이다.

공개 상담 이야기 중 많은 사람이 고통받고, 또 이에 정신치료적 도움이 필요했던 상담 내용 일부를 소개한다. 인간 생활에 보편적으로 겪는 문제로 어려움을 호소하는 독자들에게 도움이 되었으면 한다.

무릇 효과적인 정신치료란 첫 면담을 효과적으로 진행해야 환자에게 도움이 될 수 있다. 첫 면담은 환자에게는 고통의 원인이 피상적인데 그치지 않는다는 것을 알려주고, 치료자에게는 고통의 뿌리를 이해하는 노력을 통해 좀 더 근본적인 치료에 접근할 가능성을 열어준다. 또 환자가 가진 여러 고통과 증상을 앞으로의 면담 과정을 통해서 어떻게 단순화시킬지 참고할 수 있는 실마리가 되어준다. 단 한 번의 면담이지만 환자의 다양한 면면을 관찰하고 이해해 완치와 치료 계획을 세울 수 있는 것이다. 그만큼 첫 면담은 중요하다. 이 점에 주목해서 상담 내용을 살펴보면 정신건강을 도모하는 데 도움이 될 것으로 믿는다.

01

내가
잘되는 게
싫어요.
이것도 학대
인가요?

Question

저는 32세 미혼 여성입니다. 혹시 이런 병도 있나요? 내가 잘되는 게 싫습니다. 쉽게 말해서 남이 아니라 내가 잘되는 꼴이 보기 싫습니다. 내가 편안하거나 행복하거나 잘될 여지가 보이면 그 시기를 빨리 넘겨버리려고 애를 씁니다. 나한테 좋은 일이어도 바로 실행에 옮기질 않아요. 한다고 해도 어떻게든 시간을 벌어 뒤늦게 하려 합니다. 뭔가에 도전할 때면 그 일이 잘되지 않았으면 싶고, 오히려 그런 생각을 즐기기까지 합니다. 사춘기 청소년도 아닌데 말이죠. 돌이켜보면 고등학생이 되기 훨씬 전부터 이런 생각을 해왔습니다. 그러고도 지금껏 잘도 살았네요. 모두가 인정할 정도로 어려운 환경을 겪어왔는데도, 제 일이 안 풀리는 게 속으로 좋으니 말이에요. 저는 뒤로만 가는 사람 같습니다. 이유가 무엇인가요?

Answer

먼저 스스로 확인해보기 바랍니다. 자기가 잘못되면 누가 가장 걱정하고 슬퍼할까요? 그리고 누가 가장 슬퍼

했으면 하나요? 귀하의 행동은 자기 학대를 통해 가장 슬퍼했으면 하는 그 사람에게 복수하는 것입니다. 일반적으로 그 상대는 부모가 가장 많지요. 무엇이 분해서 복수하려는지 깨달아야 합니다.

귀하와 같은 마음을 가진 사람이 의외로 많습니다. 상식적으로 도무지 이해가 가지 않는 현상이지만, 그럴 만한 무의식적인 이유가 있는 거지요. 정신치료 과정에서 "당신 스스로 앞으로 못 나아가게 뒤에서 당기네요"라고 말하면 대부분 쉽게 알아챕니다. 아주 흔한 일입니다.

귀하는 자신의 마음을 예리하게 파악하고 계십니다. 자기를 학대하고 있다는 사실을 말입니다. 단지 왜 그런 행동을 하는지 그 이유를 모르고 있을 뿐입니다. 일반적으로 자학적 행동은 부모에 대한 불만 때문에 하는 행동입니다. 성장 과정에서 불만이 해소되지 않아 어른이 되어서까지 투정을 지속하는 것이죠. 자학은 때늦은 투정을 부리는 것입니다. 어릴 때 불만을 제때 토로하지 못하고 꾹꾹 담아두었다가 늦게서야 투정과 같은 형태로 표현하는 것입니다. 이는 자신을 학대하는 왜곡된 해결 방법입니다. 자기가 성공하는 것을 바라는 사람에게 무의식적으로 복수하는 행동입니다.

간혹 학생 중에 평소 성적은 좋은데, 입학시험과 같은 중요한 시험을 망치는 경우가 있습니다. 평소 실력보다 훨씬 못 미치는 시험 결과가 나오는 거죠. 이는 대부분 자신의 성적 향상을 가장 기뻐하는 부모를 실망하게 만들어 자신의 불만을 표출하는 자학적 행동입니다. 시험을 망쳐 자기를 학대하면서까지 부모에게 반항하는 행동인 것이지요.

그 외에도 자학적 행동 방식은 다양합니다. 외견상 그럴듯한 배우자 후보감은 거부하고, 현실적으로 부모들이 용납하기 힘든 대상을 배우자로 데려와 소개하는 것도 자학적 행동입니다. 자기 파괴적인 방법을 그만두고, 전문의의 도움을 받아야 합니다. 마음속에 쌓인 울분을 당사자(부모)에게 직접 토로하고 대화하는 등 합리적인 방법을 통해 해결책을 모색해야 합니다.

먼저 귀하가 해야 할 일은 스스로 그 원인을 모르는 '자학적 행동'을 왜 저지르는지, 무엇이 아직 응어리로 남아 있는지, 치료를 통해 자기 자신을 이해하는 작업을 해야 합니다. 부모에 대한 적개심이 매우 심하게 억압된 경우 자신의 자학적 행동의 원인을 이해하는 것이 쉬운 일은 아닙니다. 부모와 직접 소통하며 파괴적인 복수의 감정을 극복하고, 생산적인 삶을 즐기는 기쁨이 오히려 더 행복하다는 체험을 해봐야 합니다.

02

성적표를 받을 때마다 자살 충동을 느껴요

Question

고등학교 2학년 여학생인데요. 평소에 성적이 낮아서 스트레스를 많이 받습니다. 성적이 오르진 않고 계속 떨어지니 무기력증도 점점 심해집니다. 자신감도 많이 잃어서 사람을 만나면 제가 너무 작아지는 기분입니다. 성적표를 받으면 차라리 죽고 싶다는 생각을 많이 해요. 차마 용기가 안 나서 그렇게는 못 하지만요. 저 스스로 한심하고 답답해서 많이 웁니다. 규율이 엄격한 기숙사 생활을 하는데 '도망칠까?' 하는 생각도 많이 합니다. 자꾸 여러 자살 방법들을 생각하게 되는데, 이럴 때는 어떻게 해야 하나요? 아무리 긍정적인 생각을 하려고 해도 다시 부정적인 생각으로 되돌아가고, 늘 눈물이 납니다.

Answer

먼저 귀하는 청소년이기에 가능하다면 가족과 함께 상담을 받아보기 바랍니다. 일반적으로 청소년을 상담할 때는 부모와 함께 상담하는 것이 효과적입니다.

귀하의 증상을 정리해보자면 성적에 스트레스를 받

아서 죽고 싶다는 것이 요지입니다. 성적 때문에 자살까지 생각한다는 것은 일반적으로 부모의 기대와 관계가 있고, 또 부모에게 인정받고 사랑받고 싶은 마음이 좌절됐기 때문입니다. 가족치료를 통해 부모의 기대를 낮추고, 성적과 관계없이 자녀를 사랑한다는 믿음을 심어줘야 합니다. 인간의 성격 형성은 부모에 대한 반응으로 생깁니다. 즉, 성적에 심하게 집착하는 부모의 반응이 아이의 성격에 밀접하게 영향을 줄 수 있습니다. 부모가 자녀의 성적에 지나치게 간섭하지 않으면 자살 기도에 관한 생각도 없을 것입니다.

건강한 사람은 자신의 현재 수준을 받아들이고, 자신이 할 수 있는 일부터 노력합니다. 어릴 때와 달리 청소년답게 당당하게 부모에게 주장하는 연습도 해야 합니다. '청소년기'가 반항하는 시기로 알려졌지만 실은 당당하게 자기주장을 하는 시기입니다. 그러니 우선 부모에게 당당하게 자기주장을 해보기 바랍니다. 그러면 부모도 자기비판을 하고 반성을 하게 됩니다. 단번에 변하지는 않더라도 부모 역시 서서히 변하게 될 겁니다.

부모들도 청소년기에 걸맞게 아이들을 대접해줘야 합니다. 그러면 아이들의 자존감이 살아납니다. 또 자녀의 성적이 좋지 않다면 부모나 자녀 모두 현실을 받아들여야 합니다. 어른스럽게 새로운 대책을 마련해야 합니다. 성적이 문제가 아니에요. 인격이 자라도록 부모와 자녀가 협력해야 합니다.

03

가족에게
내팽개쳐진 채
살았어요

● Question

중3 여학생입니다. 요즘 제가 이상하단 걸 부쩍 느낍니다.

증상으로는,

1. 감정 기복이 심합니다.
2. 우울하고 잘 안 웃고 멍합니다.
3. 갑자기 울고 싶어지고, 내가 쓸모없다는 생각이 듭니다.
4. 갑자기 자만심이 넘쳐납니다.
5. 어떤 일에 쉽게 흥분합니다.
6. 항상 후회합니다. 그러면서도 계속 그 일을 반복하게 됩니다.
7. 누군가를 만나기 싫습니다.
8. 우울한 노래를 많이 듣게 됩니다(예전에 즐겨듣던 댄스 노래는 다 지워졌더군요).
9. 자책을 많이 합니다.

이외에도 많습니다. 단짝들이 저보고 만날 때마다 무뚝뚝해졌다고 말합니다. 요즘은 밖에 나가기도 싫고, 집에만 있고 싶습니다. 사실 어릴 때부터 부모님이 맞벌이해서 혼자 지내는 시간이 많았습니다. 오빠에 비하면 관심이나 사랑도 덜 받은 것 같아요. 생각해보면 어릴 적부터 상처받은 기억이 너무 많습니다. 문방구에서 아빠가 엄마에게 칼을 들이댄 그때부터요. 어린 시절 기억은 하나도 안 나는데 그 기억만 생생합니다. 그래도 다 잊고 살았습니다. 몇 년 전까지만 해도 정말 활발한 아이였어요. 올해 초까지 1년 동안 유학 생활을 했는데 그때 너무 힘들었습니다. '난 왜 살까, 엄마는 왜 이런 데에 날 보내서 이렇게 힘들게 만들까?' 이런 생각을 많이 했습니다. 허구한 날 밤낮으로 울고, 밥도 제대로 안 먹어서 스트레스성 위염에 걸려 조퇴를 밥 먹듯이 했습니다. 늘 몸이 안 좋았습니다. 살기 싫었고, 가족(엄마, 아빠, 오빠)에 대해 생각하는 것조차 싫었습니다. 그런 와중에 제가 제일 잘 따르던 친할머니마저 돌아가셨습니다. 저의 이런 모습을 보고 그까짓 유학도 못 이겨낸다고 아빠에게 욕까지 먹으니, 정말 죽는 줄 알았습니다.

이 글을 쓰는 지금도 그때 생각이 나서 미칠 것 같습니다. 정말 힘들게 살았습니다. 한국에 오면 다 해결될 거라고 믿었는데, 아니었어요. 게다가 현재 엄마가 유방암에 걸렸습니다. 집안이 무너져가는데 아빠는 돈도 안 벌어 와서 엄마를 힘들게 합니다. 오빠는 아무것도 모르면서 유학 보내 달라고 떼나 씁니다. 힘겨운 상황을 가족이 함께 짊어지려 하질 않으니 너무 안타깝고 힘듭니다. 가족을 위해 평생을 고생한 엄마가 밉습니다. 차라리 도망가지…. 엄마를 위해 제가 할 수 있는 게 아무것도 없어서 슬픕니다. 정말 미치겠습니다.

이런 증상들은 몇 달 전부터 시작됐습니다. 학교에서 상담하기가 눈치 보여서 이곳까지 찾아오게 됐네요. 저 아직 16살밖에 안 됐고, 더는 유학 시절과 같은 고통을 느끼고 싶지 않습니다. 또 한국까지 와서 울면서 살고 싶지 않습니다. 앞으로는 긍정적으로 밝게 살고 싶습니다. 저 좀 도와주세요. 제발….

Answer

매우 힘든 처지에 놓여 있군요. 어려운 가운데서도 극복하고자 하는 힘은 매우 강해 보입니다. 그것이 귀하의 강점입니다. 여러 힘든 문제들이 복합적으로 얽혀 있지만, 먼저 핵심적인 문제의 근원이 무엇인지 자각하는 게 치료에서 가장 중요한 과업입니다. 무엇보다 믿고 의지할 치료자를 만나 함께 작업하는 게 효과적입니다.

학생이 회상하기를 '어릴 때부터 부모가 맞벌이했기 때문에 항상 혼자 있었고' '오빠에 비하면 관심이나 사랑도 덜 받았으며' '어릴 때부터 상처받은 게 너무 많습니다'라고 하였습니다.

부모와 타인으로부터 느끼는 '소외감'이나 '배척당하는 느낌'이 우울증을 포함한 여러 가지 정서적 고통의 뿌리인 것 같습니다. 가족으로부터 항상 혼자 내팽개쳐져 있는 듯한 감정 속에 살아가고 있군요. 따라서 자신은 이 세상에서 쓸모없는 존재라고 느끼며 살아가게 되고요. 이러한 과거 감정에서 벗어날 수 있으면, 다른 것은 상대적으로 쉽게 해결이 될 것입니다. 이러한 감정을 지금 느끼는 것도 이미 치료가 시작됐다는 증거입니다.

학생의 이야기를 되짚어보면, 어릴 때는 어머니의 관심이 중요한데 늘 직장에 가 있었고, 부모가 자주 다투다 보니 어머니에게 이해받는 기회가 더욱 박탈된 것 같습니다. 최근에는 어머니가 암에 걸려 학생의 좌절과 분노에 억울한 심정까지 더해져 버티기 힘든 상황이 되었네요.

아버지의 성격도 문제지만 모든 가족 안에서 자신이 소외된 느낌, 그게 가장 중요하고 먼저 자각해야 할 문제인 것 같습니다. 친구들과의 대인관계 문제나 유학 생활의 어려움도 가족 내 정서적 문제들이 극복되면 차츰 회복될 것입니다.

먼저 부모와 함께 전문가를 찾아 상담치료를 받아보기를 권합니다. 어머니에게 아쉬웠던 감정을 먼저 드러내고, 이를 표현할 기회를 만드는 게 바람직합니다. 학생과 어머니가 허심탄회한 대화를 나누는 게 양쪽 모두에게 도움이 됩니다. 학생 자신의 응어리도 풀릴 뿐만 아니라 어머니 역시 학생에게 미안한 감정을 느끼고 표현한다면, 죄책감에서 벗어나 마음이 홀가분해질 겁니다. 어머니의 병 치료에도 큰 도움이 됩니다.

지금 어머니를 기쁘게 하기 위한 과도한 노력은 어머니에게 도움이 안 될뿐더러 학생의 치료에도 도움이 되지 않습니다. 오히려 학생이 과거 어머니에 대한 소외감을 털어놓고, 자기 스스로 당당하게 독립적으로 서는 것이 모든 고통에서 벗어나는 데 효과적입니다. 결국 인간은 타인으로부터 사랑받고 싶은 마음이 줄어야 고통에서 해방이 되고, 지금 본인이 할 수 있는 일을 행복하게 할 수 있습니다. 그것이 치유입니다.

아버지에 대한 태도에서는 어머니의 불만을 대변하는 처지에서 벗어나 자신의 판단으로 아버지를 바라볼 수 있어야 합니다. 그리고 과거의 아버지와 현재의 아버지를 구분해야 합니다. 간혹 자녀들은 어머니의 관심을 받기 위해 어머니가 불만을 나타내는 할머니나 아버지에게 어머니의 심정을 대변하고, 어머니 대신 나서서 싸우는 경우가 있습니다. 나는 이를 두고 '괴뢰 정권' 역할이라고 합니다. 그럴 땐 '너 자신으로 돌아가야 한다'라고 충고를 합니다.

'부모 중 누가 옳은가'에 집착하기보다 과연 나의 고통의 뿌리가 어디에서 비롯되었는지 정확하게 이해하는 것이 우울증을 극복하는 데 더욱 중요합니다. 부모에 대한 애증愛憎, 즉 '부모로부터 사랑받고 싶은 마음과 그것이 충족되지 않아 생기는 미움'이 인간 고통의 뿌리입니다. 더는 어린애가 아닙니다. 어릴 때 받고 싶었던 관심과 사랑에 집착하면 안 됩니다. 과거 감정은 정리하고, 지금 내가 할 수 있는 일을 독립적으로 해나가야 합니다.

04

아내가 우울증입니다

● Question

아내가 우울증 환자입니다. 우울증 진단을 받은 건 1년 정도 되었습니다. 저는 33세, 아내는 31세입니다. 둘 다 내성적인 성격인데 그나마 제가 약간 외향적인 면이 있습니다. 제게 삶은 그 자체로 기쁨입니다. 스스로 계획을 세워 노력하고, 특정한 결과를 얻었을 때 성취감을 곧잘 느낍니다. 그런 것들이 삶의 에너지가 됩니다. 성격은 아주 꼼꼼하고, 뭐 그런 편입니다.

아내가 우울증이라는 것을 몰랐을 땐 의욕이 없어 보이면 많이 나무랐습니다. 그저 열심히 살라고 그랬죠. 지나고 나서야 우울증이 본인의 의지대로 되는 게 아니라는 것을 알았습니다. 아내의 병을 알고 난 뒤에는 약을 먹으면 낫는 줄로 알았습니다. 그때는 우울증에 대한 이해가 부족해서 약 먹고 노력하면 좋아질 거라고 생각했습니다. 제 성격이 의욕적인 편이라 그때도 아내에게 열심히 살라고만 계속 말했죠. 그때부터 서로 힘들어졌습니다. 아내가 우울증이니까 배려 좀 해달라고 그렇게 말했는데….

어느 날 우울증에 관한 TV 프로그램을 보고 깜

짝 놀랐습니다. 우울증이 사회적으로 심각한 수준이고, 우울증 환자에게는 많은 배려를 해줘야 한다고 하더군요. 우울증에 대해 더 공부해보니 그동안 제가 아내에게 했던 말과 행동이 정말 잘못되었다는 것을 알았습니다. 그 후부터는 아내를 많이 이해하게 되고 저 역시 달라졌습니다. 치료할 병원도 새로 알아보고 옮겼습니다. 그런데 우울증이 나아지려면 자의든 타의든 간에 우울증을 이겨낼 수 있는 성격으로 어느 정도 변화해야 한다더군요. 약만 먹어서는 단기간의 호전만 있을 뿐 다시 재발한다고요.

어느 날 아내한테 동호회 활동을 해보자고 했습니다. 아니면 스피치 학원에 다니면서 자신감도 얻고 성격도 바꿔보자고 했더니 아내가 싫다고 합니다. 자신이 없다고요. 우울증 환자가 의욕이 없다는 건 알았지만, 그래도 본인이 스스로 고쳐야겠다고 생각했으면 좀 더 적극적으로 탈출의 길을 찾아야 하는 게 맞지 않나요?

요즘은 아내를 향한 배려와 절망 속에서 고민합니다. 옆에서 지켜보는 사람도 스트레스를 많이 받습니다. 병원도 알아보고 여러 가지로 신경을 써주는데 본인이 소극적으로 나오니 너무 답답합니다. 이러다가 저 자신도 우울증에 걸릴 거 같습니다. 이런 이야기를 또 아내에게 따지듯이 말할 수 없으니 울적하고 스트레스와 히스테리가 생기고. 가슴이 답답한 게 곧 미쳐버릴 거 같은 느낌이 듭니다.

아내도 힘들겠지만 저도 너무 힘이 듭니다. 어떻게 해야 할지 모르겠고, 끝도 없이 의욕이 떨어질 때가 많습니다. 그렇다고 나 살자고 아내에게 신경을 안 쓸 수도 없고요. 아내와 저 모두에게 도움이 될 만한 적당한 선을 찾으면 좋을 거 같은데, 제가 어떻게 하는 게 현명한 태도인지 조언 좀 주세요.

Answer

먼저 아내가 우울증일 때 남편으로서 바람직한 처신과 효과적인 보살핌이 무엇일지에 대한 이해가 필요해 보입니다. 자식이나 배우자가 정신장애를 앓으면 보호자는 공감적 태도를 보여야 합니다. 그것이야말로 가장 치료적이며 현명한 마음의 자세입니다.

공감적 태도의 핵심은 상대방의 말을 잘 들어주는 것

입니다. 조건적인 반응은 오히려 병을 악화시키는 태도입니다. 환자의 말을 잘 들어줄 테니 내가 원하는 것도 좀 들어주었으면 하는 바람은 공감이 아닙니다. 공감이라는 것은 무조건적인 반응입니다.

남편은 나름대로 아내를 위해서 애를 많이 쓰고 여러 가지로 노력하는 것으로 보입니다. 그러나 공감이 무엇인지, 가족으로서 어떤 태도를 보여야 환자가 치료될 수 있는지, 그 원리에 대한 근본적인 이해가 부족해 보입니다. 근본적인 이해가 부족한 상태에서 애를 쓰다 보니 환자에게도 도움이 되지 않을뿐더러 자신의 정신건강에도 해를 끼치는 것 같네요.

아내에게 "신경 써주는데 부인이 소극적인 자세를 보여 답답하다"고 하는 그런 태도는 아내에게 도움이 되지 않습니다. 아내를 배려한다면 아내가 따라 하지 못하는 것을 답답해하지 않아야 합니다. 지금 남편이 보이는 태도는 아내에게 부담을 주는 것입니다. 이런 태도가 바뀌지 않으면 오히려 부부 모두가 힘든 상황에 빠질 수 있습니다.

정신치료자인 카를로스 세귄이 지적하기를 환자에 대한 올바른 배려는 '상대방에게 기대를 않는 것(정신치료적 사랑Psychotherapeutic Eros)'이라고 합니다. 심지어 병이 나아지리라는 기대도 포기해야 진정한 도움이 된다고 합니다. 남편을 보면 말은 기대라고 하는데 강요입니다. 배려라고 하지만 강요예요. 환자에게 공감적인 이해가 부족한 태도입니다.

치료 초기에는 아내에게 강요하는 것을 본인도 알아차리고 태도를 바꾸었다고 하나 여전히 남편의 기대가 남아 있어서 아내에게 부담을 주는 것입니다. 물론 반문하겠지요, 자기 잘되라고 애써주는 것도 오히려 해롭다고 하냐고요. 현재 아내에게 가장 효과적인 치료는 말하는 것을 들어주는 겁니다. 병을 낫게 하려는 노력을 버리세요. 그게 바로 아내를 향한 최고의 배려입니다. 아내는 자신의 마음의 고통을 표현하지 못해 병이 난 것입니다.

치료자나 보호자의 과업은 아무 조건 없이 무조건 들어주는 역할을 하는 것입니다. 치료라는 것은 환자의 감정(응어리)이 풀리면 모든 것이 한꺼번에 해결됩니다. 그때부터 당사자가 감정을 하나하나 드러내면 차츰 우울증에서 해방됩니다. 우울증 환자의 보호자가 어떤 자세로 환자를 도와야 하는지는 매우 중요한 문제입니다. 사실 우울증이란 굉장히 내면적인 문제입니다. 현재 처한 환경적 요인보다 인간 내면의 문제입니다. 충고나 위로, 설득,

안심, 운동 등으로 해결되는 문제가 아닙니다. 귀하가 말한 대로 자신의 의지대로 잘 안 되는 것이 우울증입니다.

안타깝게도 남편 스스로 우울증이 무엇인지 전혀 몰랐던 것 같습니다. 아내는 자신이 우울증이니 배려를 해달라고 하는데, 남편은 우울증을 잘 몰라 막무가내로 힘써 노력을 안 한다고 다그치기만 했네요. 다행히 나중에라도 문제를 심각하게 느끼고, 자신이 주장한 대로 밀어붙이면 안 되겠다는 판단이 선 것 같습니다.

상대를 공감하는 것도 의지로 할 수 있는 것이 아닙니다. 나의 인격이 자라야 합니다. 그래서 방법을 배우는 것이 아니라 남의 마음을 이해하는 능력이 자라야 합니다. 정신장애는 지적 장애가 아니라 감정의 장애입니다. 내면에서는 아직도 아내를 다그치고 싶은 마음이 올라오는데, 그걸 억지로 참으려니 힘들어 보이네요. 보호자에게도 상담치료를 권합니다.

일단 아내는 전문 치료자에게 맡기고 자신은 부인을 도울 힘을 기르는 게 우선입니다. 공감할 수 있는 능력이 자라야 합니다. 혹시 지금 도와주고 싶은 마음이 생기면 부인의 얘기를 가만히 들어주기만 하고, 자기의 의견은 당분간 접어두도록 하세요. 치료는 머리로 하는 것이 아니고 마음으로 느끼는 것입니다. 공감이란 자비심입니다. 아내의 우울증 치료 기회를 남편의 정신건강도 함께 도모할 기회로 받아들이면 좋겠습니다.

하나 더 말씀드리면 "부인은 내성적이고, 나는 좀 더 외향적이다"라고 하셨는데, 인격 유형은 정신건강과 직접 관계가 없습니다. 외향적이라서 내향적인 것보다 더 건강하다고 볼 수 없습니다. 인격 가치를 판단할 수 있는 근거가 안 됩니다. 인격 유형과 정신건강이 직접 관계가 없으며, 인격 유형의 결과와 정신건강은 다른 차원의 가치입니다. 정신건강이란 자신의 감정을 깨닫고 받아들일 수 있는 상태를 말합니다. 요즘 유행하는 MBTI 검사 결과가 균형적이라고 해도 정신건강을 의미하는 것은 아닙니다. 다소 불균형 상태의 결과가 나왔더라도 그것이 정신 불건강을 의미하는 것도 아닙니다.

05

엄마가 살기 싫대요

● Question

안녕하세요. 저희 엄마는 올해 45세입니다. 가정주부라서 거의 집에만 계세요. 성격은 내성적인 편이세요. 겉으론 웃지만 마음에 많이 담아두십니다. 한번은 아빠의 가벼운 외도로 좀 충격을 받으셨어요. 술을 조금만 드셔도 금방 눈물이 난대요. 서글프고 속상하고 살기 싫대요. 최근엔 어느 연예인의 죽음을 보고 어떻게 자살하면 되는 거냐고 막 물으셔서 덜컥 겁이 나요. 제가 어떻게 하면 될까요? 도와주세요. 시골이라 병원도 없어요. 신경정신과도 당연히 없고요. 답답하네요.

● Answer

중요한 결론 두 가지부터 말씀드리겠습니다. 첫째, 환자의 상태를 아무리 정확하게 추정한다 해도 당사자에게는 아무런 도움이 되지 않습니다. 무엇이 고통인지 직접 이야기를 들어봐야 합니다. 당사자가 속마음을 표현해야만 무엇 때문에 고통받는지 알 수 있습니다. 어떻게 하냐고 물으셨죠? 가족이 직접 안부를 물어보면 됩니다. 말하지 않으면 전문가의 도움을 받아서 어머니 고통의 이유가 무엇인지 알아야 합니다. 둘째, 가족이 알아야 할 점은 어머니가 괴로운 것을 표현만 해도 치료 효과가 있다는 사실입니다. 물론 어머니가 이를 표현하더라도 본인이나 가족이 해결할 수 없는 문제일 수 있습니다. 그러나 자기감정을 표현하기만 해도 우울증을 포함한 어떠한 정신장애도 치료가 됩니다. 고통을 느끼고 받아들이는 과정에서 정신장애는 발생하지 않습니다. 정신장애란 고통을 억압하면 생기는 겁니다.

시골이라 해도 가족들이 힘을 합쳐 전문가와 상담할 방법을 모색해야 합니다. 치료 방법을 잘 모색하는 것도 자녀나 배우자의 건강한 태도입니다. 어머니의 우울증도 문제지만 치료를 위해서는 가족의 절대적인 도움이 필요합니다. 지역 보건소 정신보건 센터에 가서 상의하는 것도 좋을 듯합니다. 어머니의 이야기를 들어주는 것만으로도 치료 효과가 클 겁니다.

그럼에도 전문가를 만날 형편이 안 된다고 하면 본인이나 가족들이 어머니와 먼저 대화를 시도해보세요. 최근 아버지의 가벼운 외도 때문에 괴로운 건지 아니면 그동안 내면적으로 고민이 있어서 그런 건 아닌지. 아버지의 외도가 원인이라면 아버지에게 화도 내고 심하게 다툴 수가 있겠지요. 자살을 생각한다면, 그 원인이 되는 뿌리가 최근의 일이 아닌 어릴 적의 정서적 상처 때문이라고 추정할 수 있습니다. 어머니의 심정을 직접 들어보는 것이 중요합니다.

우울증이 최근에 생겼는지 아니면 예전부터 슬프고 죽고 싶은 마음이 있었는지 들어보세요. 왜 죽고 싶은지 물어보기만 해도 상당한 치료적 대화가 시작됩니다. 정신치료란 대화입니다. 우선 어머니의 고통을 진심으로 걱정하는 신뢰 관계를 형성해야 합니다. 신뢰가 생긴 가족에게 어머니는 분명 자신의 감정을 표현할 겁니다. 무엇보다 어머니의 성장 과정에서 무슨 상처가 있었는지 공감할 준비가 되어 있어야 합니다.

06

정신과에 혼자 가도 되나요?

● Question

저는 18세 여성입니다. 올 한해가 제겐 너무 고통스러웠어요. 겉으로는 멀쩡하고 변한 게 없어 보이지만 혼자 있을 때면 제가 많이 변했다는 걸 느껴요. 항상 불안하고 내일이 오는 것이 즐겁지 않아요. 두려워요. 특히 학교와 관련해서요.

집에서 받는 스트레스도 이만저만이 아니에요. 일주일에 3~4일은 울어요. 요새는 심해져서 매일 울어요. 울면서 잠시나마 기분을 가라앉혀요. 벌써 그런지 1년 정도 됐어요. 얼마 전에 우울증 테스트를 해보니 우울 증상이 심각하다고 나오더라고요. 신경정신과에 찾아가서 상담해야 한다는 결과를 받았습니다.

정신분열증 테스트를 해보니 정신분열증도 있는 것 같다고 나와요. 상담하면서 이런 얘기를 하고 싶은데, 제 얘기를 다 하자면 좀 길어서요. 그리고 저는 학생이지만 부모님께 같이 가자고 말을 못 하겠어요. 부모님이 화내실 것 같아서 무서워요. 그냥 저 혼자 찾아가려고 하는데 괜찮을까요?

Answer

정신치료에서 가장 중요한 것은 치료 동기를 분명하게 하는 것입니다. 스스로 물어보기 바랍니다. 내가 무엇을 치료받고 싶은지요. 증상을 이것저것 나열하거나 누가 정신과에 가보라거나 검사 결과가 이상이 있는 것으로 나왔다거나 하는 이유에서 상담을 시작하면 효과를 기대하기 어렵습니다. 다시 한번 마음속으로 내가 왜 치료하기를 바라고, 무엇을 치료하고 싶은지 정리를 해야 합니다. 치료 동기가 분명해지면 이미 치료가 잘 되어가고 있는 겁니다.

당연히 가족이 원하지 않으면 혼자라도 진료를 받을 수 있습니다. 상담하면 말하고 싶은 게 너무 많을 것 같네요. 그러나 위 질문만 들어봐도 문제의 핵심들이 보입니다. 일단 집에서 어떤 스트레스를 받는지 일차적인 원인을 분명히 해야겠네요. 게다가 아프다고 병원에 가자고 하면 부모님이 화를 낸다고 하니, 정신장애의 뿌리가 훤히 보이는 듯합니다. 이 문제만 분명하게 해나가도 치료가 진행될 것 같습니다. 우울증이란 괴로움이 많아서 생기는 것이 아닙니다. 괴로움을 표현할 데가 없어서 생기는 병입니다.

정신건강이란 부모와 자식 간에 자유로운 대화가 이루어질 때 건강이 유지됩니다. 학생은 심하게 우울하고 불안한 증상이 있음에도 부모님이 무서워서 그에 대해 털어놓지 못하는 환경에 처해 있군요. 그것이 어쩌면 학생에게 정신장애를 생기게 하고 치료를 방해하는 요소일 겁니다. 치유하려면 부모에게 마음 놓고 자신의 고통을 표현하는 데서 시작해야 합니다. 정신치료 과정을 달리 표현하면 '자신의 감정을 표현하는 과정'입니다. 머리로 하는 것이 아닌 감정을 표현하는 것이기 때문에 다소 시간이 걸리는 작업이죠.

보아하니 장기간에 걸쳐 집안에서 그리고 학교에서 심하게 불안한 상황에 부닥쳐 있는 것 같습니다. 치료를 위해서는 무조건 자신의 심정을 표현할 기회를 얻도록 애써야 합니다. 부모에게 말하기 어려운 상황이면 학교에서 담임선생님이나 상담 교사를 만나서 대화를 해보세요. 또한 용기를 내어 혼자서라도 정신과에 방문하길 바랍니다. 자신의 견해나 심정을 표현할 수 있는 길을 찾아야 합니다. 무엇 때문에 불안한 삶을 사는지 알게 될 뿐만 아니라 분명 해결책을 모색할 수 있을 겁니다.

나이가 18세라면 청소년기의 반항이 아닌 대적하는

힘을 일깨워 부모에게 대화를 시도해보는 것도 좋은 방법입니다. 집안에서 느끼는 힘든 점들이 잘 극복되어야 학교생활 등 바깥에서도 더욱 건강한 생활을 영위할 수 있습니다. 그러니 집안에서 어떤 문제가 있는지 먼저 살펴보고 이겨내는 게 좋겠습니다.

07

아무것도 하기 싫어요

Question

저는 현재 생활 대부분에서 '일어나면 아무것도 하고 싶지 않다'는 마음만 줄곧 듭니다. TV를 볼 때도 책을 읽을 때도요. 잠시 일을 한다거나 뭔가를 하게 되면 아무것도 하고 싶지 않다는 생각이 반복됩니다. 이런 상태가 잘못된 건가요? 누구나 원래 그런 건지 아니면 제가 우울증이라 그런 건지 궁금합니다.

만약 이 상태가 잘못된 거라면, 원래 사람은 '아무것도 하기 싫다' 하는 귀찮은 마음 하나 없이 계속 이런저런 행동이나 생각을 하는 걸까요? 만약 그렇다고 하더라도 '집중력에 한계가 있을 텐데, 어떻게 계속 TV나 책을 볼 수 있지?' 'TV를 보다 책을 읽고, 공부하다가 운동하고, 어떻게 행동이나 사고를 지속시킬 수 있을까?' 하는 생각이 들어 헷갈립니다.

'그럼 인생은 마음 가는 대로 살면 되는 건가?'라는 생각도 듭니다. 아 정말 너무도 헷갈리고 답답합니다. 이런 질문에 조금이라도 도움을 주신다면 정말 감사하겠습니다.

● Answer

귀하의 증상은 크게 두 가지로 보입니다. 하나는 아무것도 하기 싫은 마음, 그것은 극도의 의존적 태도이지요. 또 하나는 그런 자기 생각에 믿음을 갖지 못하고 옳은 것인가 아니면 내가 이상한가 하는 생각을 반복하는 것입니다. 자기 생각과 관련해서 끊임없이 의미 없는 생각을 반복하는 것을 강박증이라고 합니다. 일반적으로 이러한 증상을 두고 의존심dependency과 강박 증상obsessive compulsive symptom이라고 합니다.

치료의 출발은 간단합니다. 헷갈릴 필요가 없습니다. 위와 같은 상태가 언제부터 시작되었는지 먼저 점검해보세요. 증상이 언제부터 시작되었는지 파악하고, 그 당시 실제로 어떤 마음고생을 했는지 자각해야 합니다. 혼자서 하기 힘들 수 있으므로 정신과 전문의와 함께 해결하기를 권합니다.

실제 현실에서 생긴 고통을 있는 그대로 받아들이지 못하면 정신장애 증상이 생깁니다. 강박 증상을 만들어 거기에 빠져들기도 합니다. 증상은 곧 마음의 고통을 극복하기 위한 대체자입니다. 현실에서 고통을 이겨내기 힘드니까 새로운 고통을 만들어 원래의 고통을 이겨내려는 방편입니다. 그것이 강박 증상입니다.

위 질문에 대한 답은 '당신이 왜 그런 고통을 앓게 되었고, 왜 그런 질문을 하게 되었는지 생각해보라'입니다. 아래와 같이 좀 더 친절하게 답을 드립니다.

건강하게 자란 사람은 자기가 할 수 있는 일을 스스로 재미있게 합니다. 아이를 낳은 산모는 지극정성으로 아이를 보살피지요. 자기가 낳은 아기를 귀찮다고, 아무것도 하기 싫다고 내버려두지 않습니다. 귀하도 부모나 형, 누나로부터 보살핌을 받고 자랐을 겁니다. 농부가 지은 쌀을 먹고 살았을 테고요. 귀하가 건강하게 자랐다면 귀하가 보살핌을 받고 자랐듯이 동생도 보살피고, 부모 일을 돕기도 할 겁니다.

성장 과정에서 부모로부터 관심과 공감을 받지 못한 경우 자신이 사랑받는 것 외에는 관심이 없고 어떤 일도 하기 싫어합니다. 반대로 충분한 사랑을 받고 자라서 정신이 건강한 사람은 아침에 일어나 하루 계획을 세웁니다. 불교에서 부처 다음으로 높은 경지에 이른 사람을 '보살bodhisattva'이라고 합니다. 보살은 자기를 위해서 더 이상 할 일이 없는 사람입니다. 말하자면 사랑받고 싶은 마음이 완전히 극복된 경지입니다. 자기 자신을 위해 더 이상 해야 할 일이 없으며 남은 것은 오직 남에 대한 관심, 자비심뿐입니다.

인간은 자기 할 일을 함으로써 그 보람으로 살아갑니다. 지금까지 자기를 유지하는 것은 타인의 은혜 덕입니다. 그래서 인간은 서로 의존하면서 살아갑니다. 정신건강은 상호의존입니다. 일방적으로 의존만 하고 자신은 아무것도 하지 않으려는 것이 정신장애지요. 우선은 본인의 성장 과정을 살펴보는 것이 중요합니다. 어쩌면 성장 과정에서 정상적인 보살핌이나 공감의 결여로 인한 울분이 억압되어 있을 수 있습니다. 본인의 고통이 어디에서 왔는지 자신이 직접 자각해야 합니다. 성장 과정을 되짚어보고 자신의 장애가 어디에서 비롯되었는지 살피기 바랍니다. 결과가 없는 잡생각(강박적 사고)에 시간을 허비하지 말고 헷갈리는 생활을 멈추기 바랍니다.

08

알코올중독
치료를
받아야 할까요?

● Question

제 남편은 평상시에는 '사람 좋다'는 소리를 듣습니다. 그런 남편이 술만 마시면 늘 만취합니다. 한 달에 두세 번 정도 취해 집에 와서 잠도 안 자고, 마치 자기 앞에 사람이 있는 것처럼 앉은 채로 두 시간 넘게 욕을 해댑니다. 그러다가 저한테 '미안하다'라고 말하고 또 욕을 합니다. 진짜 그 사람이 앞에 있는 것처럼요. 누우라고 해도 눕지 않고 몇 시간을 그렇게 떠들고 나서야 잠이 들어요. 폭력적이거나 그렇지는 않은데 계속 욕을 합니다.

집에서 저녁 식사를 할 때도 꼭 소주 반병 정도씩 마십니다. 마시지 말라고 하면 피곤해서 마신다고 합니다. 밖에서 안 마시고 집에서 마시니까 괜찮다고요. 자기가 술 마시고 실수하는 줄 알면서도 거의 일주일에 2~3일은 식사 때마다 소주를 마십니다. 이 정도면 알코올중독 치료를 받아야 하는 건가요?

평소에는 진짜 성실한 사람이거든요. 너무 걱정입니다. 병원에 가라고 하면 안 갈 것 같은데, 치료를 받아야 하는지 알려주세요.

● Answer

남편이 훌륭한 점이 많네요. 그렇다고 문제되는 행동을 상쇄할 수는 없지요. 성실한 점은 존중해주고 문제인 점은 치료하면 됩니다. 음주 습관이나 음주 후 행동에 정신장애가 심각한데, 더욱 심각한 문제는 알코올 의존성입니다. 일반적으로 음주 습관은 그 중독성 때문에 시간이 갈수록 증상이 더욱 악화한다는 사실을 알아야 합니다. 하루빨리 치료할 것을 권합니다.

정신건강이란 자기의 주장을 남에게 당당하게 하고 남의 의견을 잘 듣는 것입니다. 대개 알코올 의존의 경우 의존적 성격으로 자기의 주장을 당당하게 못 하는 경우가 많습니다. 마음속에 있는 불만을 삼키고 자기를 학대하게 됩니다. 마음속의 답답한 심정을 해결할 수가 없으니 술에 의존하는 것입니다. 술에 취하니 분노가 올라와서 욕을 하는 등 이상 행동을 보이는 것이지요.

음주 습관을 개선하려는 노력과 동시에 주장하는 힘을 길러야 합니다. 또 대화를 통해 남편 마음속에 있는 갈등을 표현하도록 도와주어야 합니다. 분노를 정화하면 인생을 즐기면서 건강한 음주 습관으로 바뀝니다. 화를 억누르기 위해 술을 마시는 게 아니라요. 그리고 남편의 성실한 점은 존중해줘야 합니다. 치료라는 것은 인격을 성장시키는 것입니다. 문제되는 것은 치료하고 긍정적인 점은 살려 나가면 됩니다.

09

동생이
상당히 비만한데
치료를
거부해요

Question

제 여동생은 상당히 비만합니다. 장기간 다이어트를 해왔는데 별 효과가 없습니다. 몇 년째 단식원이나 병원, 약물과 운동을 병행해도 그때뿐이고, 어느새 체중이 늘어 버립니다. 저는 언니인데, 가족들이 동생의 다이어트를 도우려다가 많이 지쳤습니다. 그냥 동생 마음대로 살도록 내버려둘까 싶다가도 잘 안되네요.

동생의 성격은 순한 편인데 마음속에 담아두는 경향이 좀 셉니다. 책 읽고 게임 하는 것을 좋아하고, 음식 맛에 예민하지만, 음식을 마다하지는 않습니다. 어렸을 때부터 통통했고, 살이 갈수록 찌면서 지금 상황이 됐네요. 친구 관계는 개성 강한 친구들 몇몇만 있는 것 같습니다. 같이 소설책을 읽거나 만화책을 즐겨 보면서 등장인물, 캐릭터에 관한 이야기를 나누기도 하고, 뭐 그러는 것 같습니다.

딱히 하고 싶은 일도 없어 .보입니다. 다이어트를 하긴 해야겠지만 굳이 해야 할 이유 또한 없다고 합니다. 아직 건강상 문제가 없기 때문이죠. 한마디로 동생은 무엇인가를 간절히 원하거나 아등바등하지 않습니다. 연애 또한 본인의 외모 때문인지 '관심 없다'라는 말로 일관합니다.

아무리 말로 타일러 보거나 화를 내도, 알겠다고만 할 뿐 실천으로 옮기지 않습니다. 다이어트가 본인의 생각과 의지가 필요한 부분인데, 이대로 가다간 동생이 나아질 수 있는 시기를 놓칠까 봐 겁이 납니다. 그래서 정신과 상담을 좀 받아보면 어떨까 싶습니다. 만약 약물을 사용한다면 단순 식욕억제제인지, 아니면 우울증 등의 다양한 증상과 관련된 약물인지 궁금합니다. 답변 부탁드립니다.

Answer

일반적으로 비만은 정서적인 문제와 관련이 깊습니다. 달리 말하면 동생이 뭔가 기분이 상해 있다는 사실을 가족들이 알아야 합니다. 특히 어머니와 언니가요. 보통 어머니에 대한 불만과 관계되는 경우가 많습니다. 언니는 어머니의 인정을 더 받기 위한 경쟁자가 되지요.

그러나 어머니의 성격이 너무 강해 불만을 표현할 수 없거나 어머니가 자녀의 심정을 헤아리는(공감하는) 능력이 부족하다면 자녀 스스로 감정을 삭히는 경우가 많습니다. 자매간이라도 진정으로 신뢰 관계가 형성되어야 동생이 감정을 드러낼 겁니다. 동생이 언니를 마음속으로 신뢰하는지 먼저 파악해야 합니다. 가족 내에서 언니가 나서면 환자는 '엄마가 애가 타고 적극적으로 나서서 나를 달래야 하는데, 왜 언니가 나서서 야단이야'라는 마음을 가질 수도 있습니다.

엄마를 사이에 두고 언니와의 경쟁 위치가 오히려 동생을 자극하는 경우도 있습니다. 예를 들면 언니는 혼자 사랑을 받다가 동생이 태어나고 소외감이 생깁니다. 엄마의 가슴(젖)은 더 이상 자신의 것이 아니며, 조부모의 사랑 역시 내 것이 아닙니다. 모든 것을 동생에게 양보해야 하지요. 동생을 맞이할 준비가 안 되어 있으니 언니는 상처받고 내심 동생을 미워하게 됩니다. 미움을 받아온 동생은 여러 가지 감정을 억압하고 매사에 자포자기하거나 음식을 먹으며 자신을 학대하게 되었을지도 모릅니다. 과도하게 음식을 먹고 자신의 건강이나 몸매에 무심하다는 것은 일반적으로 가족에 대한 적개심의 표현이며 우울증의 한 양상입니다. 우울증과 자학 증상은 분노라는 같은 뿌리에서 나옵니다. 병원에 가기 전에 가족들은 우선 가족 내에서 동생의 불만을 잘 이해하도록 노력해야 합니다. 어머니의 진심어린 관심이 중요합니다.

가족 중에 다른 자매가 주위 사람들에게 관심을 더 받았을지도 모르겠습니다. 좋은 학교, 좋은 일자리를 잡아 가정에서 한 사람이 자랑거리가 되면 나머지 자매는 소외감 속으로 빠져들게 됩니다. 다른 자매가 남으로부터 인정받는 것을 싫어할 수도 없고 기뻐할 수도 없기에, 자기 속을 드러내지 못하고 자기 학대 쪽으로 빠지게 되는 겁니다. 한 자매의 성공에 대해 칭찬할 때 나머지 자매의 얼굴도 살펴야 합니다. 그것이 공감입니다.

비만 문제는 생각보다 그 정신병리가 훨씬 깊습니다. 그래서 환자의 마음을 빨리 드러내도록 재촉하면 안 됩니다. 치료를 서서히 진행하며 가족 내 역동dynamics을 이해하는 노력을 기울여야 합니다.

10

폭식이 심하고,
무엇보다
뚱뚱한 제 모습이
싫어요

Question

저는 몇 년 전까지만 해도 몸무게가 거의 100킬로그램에 달했습니다. 그러다가 하루 한 끼 식사와 걷기운동으로 다이어트를 시작해 52킬로그램까지 살을 뺐습니다. 그런데 그 이후부터 몸 상태가 좋지 않고, 일반 사람들처럼 삼시 세끼 챙겨 먹는 게 안 됩니다. 무슨 말이냐면 눈앞에 보이는 음식은 한 번에 몰아서 다 먹어버립니다. 온종일 '내일 뭐 먹지' '이제 뭐 먹지' 하는 생각만 하고요. 어떨 땐 거의 단식에 가까울 정도로 소식하고, 어떨 땐 정말 심하게 먹습니다.

구토 증세는 없지만 이 정도면 제 상태가 심각하다고 생각합니다. 음식을 먹는 게 아니라 입안에 그냥 쑤셔 넣습니다. 지금은 살이 많이 쪄서 몸무게가 60킬로그램 가까이 나갑니다. 그러다 보니 아무도 만나기 싫고, 집에만 있고 싶습니다. 회사만 얼른 다녀오고, 약속도 다 미뤄요. 세상에서 제가 제일 뚱뚱한 것 같습니다.

나름 비만 클리닉도 다녀보고, 정신과도 다녀봤습니다. 인터넷에서 식욕억제제, 탄수화물 차단제도 구매해 먹어봤는데 별 효과가 없었습니다. 그래서 사실 병원에 또 간다는 게 헛수고가 아닐까 하는 생각이 듭니다. 그렇다고 혼자 힘으로 고치려니 상태가 더 나빠지기만 합니다.

다시 늘고 있는 살을 보면 정말 밖에 나가기가 싫습니다. 온종일 제 방에서, 누구랑 같이 먹는 것도 아니고, 혼자 누워서 막 먹다가 잠이 듭니다. 선생님 부탁드립니다. 저 치료 가능할까요?

Answer

비만 치료에서 가장 중요한 점은 정서적 교정입니다. 귀하의 정서적 문제점은 마음속의 허기로 보입니다. 음식을 먹으면서 즐거움과 행복을 누리는 것이 아니라 단지 입으로 쑤셔 넣는다면 그건 고통스러운 삶입니다.

허전한 마음의 원인을 알고(자각하고) 교정하는 것이 필요합니다. 그 과정을 놓치면 원하는 결과를 이루기가 어렵습니다. 누구나 외로움이 있습니다. 특히 부모의 공감이 충분하지 않을 때 외로움은 커집니다. 이 외로움과 소외감의 뿌리를 자각하고 견딜 수 있는가에 따라 인격의 성숙 정도가 좌우됩니다.

체중에 초점을 맞추기보다는 정서적인 상태를 먼저 이해하고 극복하면 체중 문제는 저절로 해결됩니다. 정신과에 방문하여 정서적 문제를 점검하기 바랍니다. 폭식은 보통 분노를 잘 해결하지 못하고 자학하는 증상입니다. 비만 치료 전에 울분을 정화하는 치료가 먼저 필요해 보입니다. 아울러 비만 치료가 진행되면 자존감의 결핍과 자신의 이미지에 대한 과도한 왜곡Self-image distortion 증상도 함께 논의하고 극복하도록 노력해보세요. 비만 치료와 더불어 낮은 자존감 회복을 위한 치료를 함께하는 것이 필요합니다.

11

강박증
치료에서
상담과 약 중
어떤 게 더
중요한가요?

● Question

강박증이 심해서 몇 개월 전 정신과에 가서 치료했습니다. 약을 한 3개월 복용했는데, 앉아서 눈을 2분 이상 감으면 그대로 잠들 정도로 시도 때도 없이 잠이 오더군요. 그래서 치료를 그만뒀습니다.

다른 정신과를 갔는데, 또 약을 줬습니다. 그런데 또 잠만 쏟아지고… 증상은 개선되는 게 거의 없습니다. 약을 쓰면 치료가 되긴 되는 건가요? 강박증을 치료하려면 상담이 중요한가요, 약이 중요한가요? 또 강박증 치료는 길면 몇 년이나 걸릴까요?

● Answer

두 군데 모두 약만 받고 상담치료는 하지 않았는지요? 강박증은 치료가 잘 안 되는 정신장애 중 하나입니다. 그래서 뇌수술 방법까지 개발되었습니다. 그만큼 치료가 어렵다는 뜻이지요. 과거에 신경외과를 전공하는 친구에게 '치료가 잘 안 되는 강박증이나 조현병 환자를 소개해 달라'는 부탁을 받은 적이 있습니다. 개인적으로 수술 치료 방법에 찬성하지 않는다고 거절한 적이 있습니다.

귀하가 말했듯이 강박증 치료를 위한 약물이 있지만 그 치료 성적은 만족할 정도가 아닙니다. 강박증의 치료 원칙은 약물치료와 상담치료를 함께 받는 것이고, 그래야 효과적입니다. 약물치료만 받으면 약물의 효과로 강박증을 억제하려다 보니 졸음이 올 수 있습니다.

강박증의 정신병리는 노이로제(신경증)에서 정신병 쪽으로 가깝게 쏠려 있습니다. 말하자면 정신병리는 다른 신경증보다 뿌리가 깊은 증상입니다. 그래서 약물치료를 할 때 소량의 항정신병 약물을 투여하면 효과가 좋은 예도 있습니다. 강박증의 치료는 강박증 자체에만 매달리면 치료가 어렵습니다. 강박증을 일으키는 배후에는 억압된 감정(분노)이 도사리고 있다는 사실을 자각해야 합니다. 치료의 핵심은 자기 마음속에 적개심이 숨겨져 있다는 것을 깨닫는 것입니다. 그 적개심을 해결해나가면 생각보다 빨리 치료가 될 수 있습니다.

한 예로 고등학교 1학년 여학생이 일상생활 중에 뾰족한 물건에 강박적으로 신경이 쓰여 어머니와 함께 방문한 적이 있습니다. 면담을 해보니, 부모의 이혼 후 어머니와 둘이 사는데, 어머니에게 남자 친구가 생기면서 자기에게 관심이 줄어들까 걱정이 되고 화가 많이 났다고 합니다. 그런데 어머니가 혼자서 고생하는데 화를 낼 수가 없어 참았다고 합니다. 일단 그 감정을 어머니와 함께 대화하고 나니 그 학생의 강박 증상은 어느 정도 사라졌습니다.

이처럼 감정을 느끼고 억압에서 풀리면 증상은 사라집니다. 마침 이 학생은 자신의 감정을 쉽게 자각할 수 있는 상태라서 강박 증상이 금방 해결됐습니다. 그러나 억압이 심해 자신의 감정이 쉽게 떠오르지 않는 예도 있습니다. 그럴 때는 서두르지 말아야 합니다. 먼저 치료자와 신뢰 관계를 형성한 후, 자신의 감정을 천천히 자각하고 받아들이는 치료 과정이 필요합니다. 시간을 두고 치료자와 환자가 정서적 관계를 돈독하게 유지하면서 서서히 치료를 진행해야 합니다.

요약하면 강박증의 치료는 약물치료와 정신치료를 병행해야 하며, 그 뿌리가 깊으므로 치료자와 협력하면서 천천히 극복해야 합니다. 어떠한 정신장애도 약으로만 해결하려는 것은 잘못된 방법입니다. 정신치료 전문가를 찾아갈 형편이 아니라면, 혼자서 자신의 감정을 들여다보고 자각하는 훈련(명상)을 해보기 바랍니다. 배후에 억눌려 있던 감정을 느끼게 되면 강박증은 사라집니다.

12

공황장애로 인한
과호흡이
너무 힘들어요

Question

예전에 공황장애를 앓던 중 과호흡이 온 적이 있습니다. 그 뒤로 호흡에 두려움을 갖게 됐습니다. 자꾸 호흡에 신경 쓰다 보니 스트레스를 받습니다. 어떨 때는 다른 사람들이 호흡하는 것 하나하나를 주시할 때도 있습니다. 그렇게 자꾸 신경을 쓰니까 마음이 불안하더군요. 스트레스도 많이 받습니다. 해결 방법이 없을까요? 답변해주시면 감사하겠습니다.

Answer

귀하의 증상은 실제 호흡 자체의 문제가 아니라 마음속에 내재해 있는 불안 및 공포 증상 때문입니다. 불안 발작anxiety attack, 공포증phobia 혹은 공황장애panic disorder라고 하는데 이름은 다르지만 모두 같은 증상입니다. 불안을 해결하면 됩니다. 상담치료와 더불어 약물치료를 함께하면 극복할 수 있습니다. 일반적으로 불안과 공포증의 밑바닥에는 스스로 해결하지 못하고 억압된 불만, 적개심과 관계가 많습니다.

다시 말하면, 평소에 화를 잘 처리하지 못하는 사람

에게 오는 증상입니다. 평소 남에게 사람 좋다는 평을 많이 듣는 사람에게 잘 올 수 있습니다. 그들이 바로 자신의 감정을 보지 않는 사람들이지요. 대신에 가까운 가족에게는 짜증을 잘 내거나 자신을 학대하는 경향이 있습니다. 불만을 폭발해서도 안 되지만 억압해서도 안 됩니다. 정신건강을 도모하기 위해서는 자신의 감정을 느끼고 표현해야 합니다.

대부분의 정서장애의 뿌리는 자신의 화를 잘 처리하지 못하는 데서 비롯합니다. 공황장애의 경우 강박증과 마찬가지로 성장 과정에 내재한 불안과 억압된 분노가 연결되어 있습니다. 즉, 두 증상은 같은 뿌리에서 만성적인 불안과 울분이 억압되어 생기는 증상입니다. 공포와 강박도 자기를 지키려는 방편입니다. 이런 증상을 만들지 않으면 막연한 불안과 울분의 감정에 시달리지요.

불안과 분노의 감정이 현실과 맞닿아 있을 때 감정의 자각도 수월합니다. 증상이 공황장애나 강박증으로 발전해버리면 원인이 되는 현실과 거리가 멀어짐으로써 치료에서 자신의 감정을 이해하는 것이 한결 어려워집니다. 치료자의 도움을 받아서 근본적인 감정인 불안과 분노를 받아들이면, 더 까다로운 공황 증상과 강박 증상에서 일단 벗어날 수 있습니다. 그다음에는 치료자와 함께 여유를 가지고 불안과 적개심을 다루어나가면 됩니다. 자신의 불만의 뿌리를 바르게 이해하고 극복하는 것이 정신건강을 도모하는 길입니다.

13

열한 살
큰아이가
겁이
너무 많습니다

Question

두 아들을 둔 엄마입니다. 큰 애는 열한 살, 둘째는 네 살입니다. 저희 가정은 여느 맞벌이 부부와 같이 애들은 할머니, 할아버지가 키워주고 계십니다. 오늘은 큰애에 대해서 상담을 드리고자 합니다.

큰애가 유독 겁이 많습니다. 학교나 학원에서 가는 1박 2일 일정은 전부 가려 하지 않습니다. 엄마 아빠 없는 데서 자기 싫다고 합니다. 아이가 다섯 살 때 처음 어린이집에서 1박 2일로 캠프를 보낸 적이 있는데, 그때 이후로는 아예 가지 않으려고 합니다. 둘째가 태어나기 전까지는 한방에서 세 식구가 같이 잤습니다. 둘째가 태어나면서 큰애를 따로 재워보려고 했으나 어른이 옆에 없으면 애가 영 불안해합니다. 자려고 하면 항상 자기보다 늦게 자라고 성화이고요. 자리에 누웠다가도 우는소릴 하며 잠이 안 온다고 방에서 나옵니다. 처음엔 그러려니 했지만 애가 점점 커가는데도 나아질 기미가 보이지 않습니다. 동생과는 일곱 살이나 차이가 나는데, 여느 다른 집의 형들같이 잘 놀아주지 않네요. 꼭 경쟁 상대를 대하듯이 굴고, 동생을 잘 울립니다. 태권도장 사범과 통화할 때는 말도

또박또박 잘하는데, 식구들에게 말할 때는 아기 소리도 잘 내고, 혀짤배기소리도 잘하고. 말을 끝까지 마무리 짓지를 못합니다.

그게 보기 싫어 혼내기도 했습니다. 안 그러겠다는 다짐도 여러 차례 받았지만 되질 않더군요. 엊저녁에는 자다가 일어나서 할머니나 저를 찾아 이방 저방 다니더라고요. 무조건 혼만 내서 될 일은 아니지 싶은데 어떻게 해야 할지를 모르겠습니다. 매일 밤 그러는 것은 아니고, 일주일에 1~2회 정도 그렇습니다. 학교나 학원에서 공부는 잘하는 편입니다.

어떻게 해야 할지 몰라 인터넷을 찾아보니 이런 상담 코너가 있더라고요. 집에서 가까운 병원이라 우선 상담을 드려봅니다. 방문상담이 필요하면 그렇게라도 하겠습니다.

Answer

겁이 많고 부모 곁을 떠나지 못하는 아이군요. 우선 조부모들이 맡아서 키워준 어릴 적 정서적 경험에 주목해야 합니다. 학교에 가기 싫어하거나 아이가 어머니를 잘 떠나지 못하는 것은 어머니에 대한 믿음이 형성되지 않아서 생기는 증상입니다. 소위 어머니로부터의 분리에 대한 '불안장애separation anxiety disorder'로 불리기도 하지요. 말하자면 독립심이 덜 자랐다고 볼 수 있습니다.

대부분의 정신장애는 성장 과정에서 어머니에 대한 믿음 형성에 장애가 생겨 그렇다고 볼 수 있습니다. 정신건강이란 어머니에 대한 믿음이 굳건히 형성되고, 그것이 건강한 대인관계의 기초로 작용하게 됩니다.

위에서 어머니가 지적한 대로 '여느 맞벌이 부부가 그러하듯이'라는 부분에 주목해야 합니다. 우선 모든 맞벌이 부부가 아이에게 주는 영향이 같지 않습니다. 간혹 부모들이 자녀들의 문제를 일반화시켜 묻어버리는 경향이 있습니다. 그렇게 되면 '모두 같은 환경인데, 우리 아이만 왜 저러나' 하고, 무언중에 모든 문제를 아이의 탓으로 돌리게 됩니다. 모두 비슷한 환경인 것 같아도 그런 가운데 우리 아이들이 처한 환경에 어려운 점은 없었나 혹은 부모로서 공감 능력이 부족하지 않았나 생각해보는 것이 바람직한 태도입니다.

어른들(조부모)에게 아이를 맡기더라도 정신장애가 오는 예도 있고, 비교적 건강하게 자라는 예도 있습니다.

그 결과가 다양합니다. 주목해야 할 건 아이를 맡긴 부모의 태도나 공감 정도가 집마다 다르다는 겁니다. 낮 동안에 부모가 전화로 연락해 아이의 안부를 묻고 챙기는 예도 있습니다. 또는 저녁에 집으로 돌아와 오늘 하루 잘 지냈는지 먼저 아이들 안부를 묻는 가정도 있습니다. 아이를 보살펴주는 조부모의 태도(성격) 또한 집집마다 다릅니다. 중요한 건 늘 부모 마음이 아이들에게 가 있다고 안심을 시키면서 어른들에게 맡겨야 한다는 점입니다.

부모와 떨어져 지내는 것이 당연하고 자연스러운 일로 착각하는 부모도 있습니다. '그때는 모두 그렇게 자랐다'라면서요. 아이들의 심정에 세심하게 가닿지 못하는 것이지요. 이처럼 부모의 공감 정도가 천양지차로 다양합니다. 거기에 따라 아이들의 정신건강 상태가 달라집니다.

우선 어머니는 자신의 아이에게 얼마나 공감하고 있는지 점검하기를 바랍니다. 어른들에게 맡기면 으레, 당연히, 저절로, 별문제 없이 자란다고 착각하지는 않았는지 점검해봐야 합니다.

만약 부모가 챙기지 않았다면 아이들은 부모가 자기를 버린 것으로 착각하는 수가 있습니다. 이러한 감정이 인생 전반에 걸쳐 남에게 배척당하는 느낌, 소외감의 뿌리가 됩니다. 자라면서 부모와 분리가 안 되어 독립심이 자라지 않아 인격 성장에 장애가 생길 수 있습니다. 독립적으로 일을 처리하지 못하고, 사람을 만나면 두려움이 앞서기도 합니다. 정신건강이란 인격의 성장입니다. 길게 보고, 아이가 독립심이 자랄 수 있게 노력해야 합니다. 어릴 때부터 형성하지 못한 부모의 믿음을 심어주는 것부터 개선해보기 바랍니다. 억지로 밀어붙이면 안 됩니다. 집 안에서 안심이 되어야 밖으로 나갈 수 있습니다.

정신과 진료를 자녀들과 함께 받아보는 것도 좋겠습니다. 부모가 맞벌이하면서 떨어져 살았을 때 아이의 심정이 어땠는지 들어보고, 그 응어리를 풀어주는 치료를 하면 효과가 좋을 것입니다. "엄마가 나의 고통을 이해해주는구나"라고 아이가 느끼면서 치유가 시작될 겁니다.

14

시한폭탄 같은 오빠, 어떻게 하면 좋을까요?

Question

안녕하세요. 오빠 때문에 너무 답답해서 글을 남깁니다. 오빠가 성격이 좀 과격하고 신경질적입니다. 보통사람들보다 아주 심해서 정신과 치료를 받아야 하는 건 아닌가 싶습니다. 오빠가 욕을 많이 하는데, 엄마와 싸울 때도 굉장히 험한 욕을 합니다. 부끄러운 얘기지만 둘이 싸울 때면 서로 욕하고, 밀고 당기고 그러다가 상처도 나고, 옆에서 보고 있으면 무섭습니다. 술을 마실 때면 술병을 집어 던지거나 방에 물건들을 막 부수기도 합니다. 도대체 왜 그런지 모르겠습니다. 뭔가 불만이 많아 보이긴 합니다. 자기가 해결하지 못해 화가 나 보이기도 하고요. 운전하다가도 욕하고 성질내고, 게임 하다가도 마음대로 안 풀리면 컴퓨터를 때려 부숴버립니다. 한마디로 감정조절이 잘 안 됩니다.

오빠가 어릴 적에는 정말 순했습니다. 그런데 지금은 제가 말만 하면 신경질적으로 나와서 말도 못 붙이겠습니다. 늘 오빠의 눈치를 보며 비위를 맞춰야 합니다. 오빠를 보면 꼭 시한폭탄을 보는 것 같습니다. 우리 오빠, 뭔가 문제가 있는 건가요? 제가 두

서없이 글을 적어서 잘 이해가 안 가실지 모르겠습니다. 꼭 답변 좀 주세요.

Answer

동생이 의뢰한 상담 내용을 잘 살펴보면 해결의 실마리가 보입니다. 핵심은 오빠가 어머니에게 강한 분노와 적대감을 보이는 것입니다. 오빠의 분노조절 장애가 심하긴 합니다. 그러나 문제가 단순해 오빠의 심정을 잘 공감하면 생각보다 해결이 수월해질 것입니다. 또 치료에서 중요한 실마리가 되는 점은 오빠가 어릴 때는 정말 순했다는 사실입니다.

위 두 가지 치료의 핵심을 알았으니 앞으로 효과적으로 치료 방향을 이끌어가면 됩니다. 먼저 어릴 때 오빠의 심정을 표현하도록 도와줘야 합니다. 어릴 적에도 지금처럼 어머니에 대한 불만이 많았는데 억지로 참아 순해 보였는지, 아니면 실제 어머니와의 관계에서 심한 갈등이 있었는지 확인해야 합니다.

만약 어머니에게 별다른 불만 없이 성격이 온순했다면, 언제부터 어머니에 대한 분노가 생겼는지 살펴봐야 할 것입니다. 반대로 오빠가 어릴 때부터 어머니에게 불만이 많았는데, 강압적인 엄마의 성격상 할 수 없이 참고 억누르다가 나이가 들면서 엄마에게 대적하기 시작한 것인지, 이를 구별해 살펴봐야 합니다.

만약 오빠가 어머니의 성격 때문에 자기의 감정을 억압했다면, 이를 중심으로 치료를 해나가면 쉽게 문제가 풀릴 수 있습니다. 오빠가 성장 과정에서 느낀 울분을 토로할 수 있게 도와주면 됩니다. 한편 어머니의 관점에서도 이야기를 들어봐야 합니다. 당시 왜 강압적인 태도를 보였는지, 무엇이 힘들어서 아들에게 화를 내거나 신경질이 많았는지 말이지요. 서로 하고 싶은 말을 할 수 있게 해야 합니다.

그 과정에서 어머니가 오빠에게 사과할 게 있으면 사과를 하면 됩니다. 오빠는 그 사과를 받아주고, 어머니를 용서해 새로운 모자 관계를 이루어나가면 됩니다. 물론 쉽지는 않겠지요. 오랜 기간 억압된 감정이 하루아침에 쉽게 풀리리라고 기대해선 안 됩니다.

따라서 어머니와 오빠가 함께 정신치료(가족치료)를 받아보는 것이 중요합니다. 정신치료는 바로 대화입니다. 서로 마음을 토로하는 것입니다.

우선 상호 간 이해를 했더라도 치료는 지속해서 받아야 합니다. 지금은 부모가 과거보다 많이 변했다고 하더라도 그러한 부모의 영향을 받은 오빠의 성격은 결국 자기가 치료하고 극복해야 합니다.

현재 치료 과정에서 부모의 문제를 다루는 것은 지금에 와서 과거의 잘못된 양육방식을 욕하거나 비난하려는 목적이 아닙니다. 오빠가 과거 억울한 감정에서 벗어나려면 현재 부모와의 관계에서 어떤 울분이 자기에게 녹아 있는지 아는 것이 필요하기 때문이지요. 치료를 위해서는 먼저 원인을 깨닫는 것이 중요합니다. 자각이 바로 해결의 시작이 됩니다.

다시 한번 말하자면 정신치료는 대화요, 상호 소통입니다. 화(울분)의 뿌리를 자각하고 표현하는 것이 치유입니다. 부모의 양육 태도가 자식들 성격의 토대가 된다는 사실을 잊지 마시길 바랍니다.

15

애인이 자주 때립니다. 어떻게 해야 할까요?

● Question

전 22세 여자입니다. 사귄 지 2년 정도된 지금 남자 친구에게 교제 초반에 데이트 폭행을 당했습니다. 한 번이라면 실수라고 넘어갈 텐데, 여러 번 반복되자 병이라는 확신이 들었습니다. 애인은 그럴 때마다 항상 미안하다고 싹싹 빕니다. 꼭 병원 가서 고치겠다고 하면서요. 화해한 일을 다시 들추기 싫고, 다시 그 일을 생각하고 싶지 않아 그냥 여러 번 넘어갔습니다. 막상 남자 친구가 정신과에 가려고 하니까 거부감이 들기도 하고요. 지금은 안 그런 지 한참 됐고, 제게 잘해주고 있습니다.

그런데 이젠 제가 문제인 것 같습니다. 과거에 폭행당했던 기억이 자꾸 생각나 악몽을 꿉니다. 자다가도 눈물이 나고, 잠을 깊게 못 자겠습니다. 억울하고 분하고 비참한 기분이 듭니다. 이미 다 끝난 일이고, 그때 다 용서하고 넘어갔는데도 말입니다. 꽤 진지하게 사귀는 관계라 부모님도 남자 친구를 아십니다. 누구에게 말도 못 하고 혼자 속이 갑갑합니다. 온종일 그때 생각이 떠나질 않습니다.

애인도 자신 맘대로 제어되지 않은 모습을 보면

안 됐기도 합니다. 헤어지면 간단한 문제지만, 전 정말 둘이 같이 고쳐서 잘 지내보고 싶습니다. 저희는 그 문제만 아니면 정말 아무 문제가 없거든요. 이런 것도 치료를 받아야 하나요? 다른 병에 비하면 아무것도 아닌데 괜히 병원에 가는 걸까요? 상담을 받게 되면 둘이 같이 받을 수 있나요? 저도 상담이 필요한 것 같아서요. 요새 너무 힘듭니다. 거의 반년 정도 이 문제를 혼자 참아왔습니다. 이게 무슨 큰일이라고 병원까지 가나 싶어서요. 선생님 어떻게 해야 하나요? 도와주세요.

Answer

양쪽에 모두 문제가 있는 것 같습니다. 각자의 문제점을 분리해서 다루어나가는 게 현명해 보입니다. 남자의 성격적 문제에 심각한 장애가 있는 것은 분명합니다. 그러나 여자 친구 역시 자기 문제가 단지 남자 친구 때문이라고 접근하는 것은 바람직하지 않을뿐더러 근본적인 해결을 기대할 수 없습니다.

남자 친구의 문제는 스스로 분노가 잘 조절되지 않는

것입니다. 감정조절 능력이 바로 정신건강입니다. 치료의 도움을 받아 해결하는 것이 바람직합니다. 감정(분노)조절장애Intermittent explosive disorder는 '다짐'이나 새로운 '각오'로 쉽게 해결될 문제가 아닙니다. 꾸준한 노력이 필요합니다. 건강한 성격으로 발전하려면 먼저 치료자의 도움을 받으면서 자신의 문제를 깨닫고, 그 뒤에도 지속적인 수행이 필요합니다.

여자 친구의 경우 인격 형성상 '의존적 경향'이 주된 문제로 보입니다. 폭행을 반복적으로 당하는 것도 폭행을 일삼는 상대방의 문제와는 별도로 자신의 정서적 문제가 작용하는 것입니다. 제삼자가 보면 "왜 맞으면서 살지, 이해가 안 가네"라고 의아해하겠지요.

여자 친구 또한 치료를 받고, 자신의 성격적 문제를 깨닫는 것이 중요합니다. 위 내용으로 보건대 '의존적이고 피학적인 성격' 경향이 보입니다. 치료받으면서 이러한 문제 또한 함께 이해하는 것이 좋겠습니다.

덧붙이자면, 폭행하는 쪽은 성장 과정에서 주로 자신의 양육자에게 가졌던 분노를 타인(현재 애인이나 직장 동료 등)에게 옮기는 것입니다. 폭행을 반복적으로 당하면서 나름대로 결정을 하지 못하는 쪽은 의존적 성격의 문제로 보인다고 앞서 말씀드렸습니다. 그러면 건강한 남녀는 서로 의지하지 않고 살아야만 하는 걸까요? 이 문제는 인간이 살아가는 데 아주 중요한 사안입니다.

건강한 인간관계는 '상호 의존'을 합니다. 각각 독립심이 자란 성숙한 인격체로서 상호 존중과 상호 의존을 하면서 이 세상을 살아가는 것입니다. 정신 불건강이란 독립심은 없고 의존심만 있는 것입니다. 다시 말해 '정신 건강'이란 서로 주고받는 관계이며, '정신 불건강'은 받기만 하려는 마음이 가득 차 있는 상태를 말합니다. 이런 인간관계가 불화의 원인이 됩니다.

지금은 각자 자기 치료에 몰두할 단계로 보입니다. 건강한 정신 상태로 회복한 후 미래를 논의하는 게 좋겠습니다. 집착이란 상대를 사랑하는 것이 아니라 자기애적 상태(절대적으로 의존적인 상태)에 빠진 것입니다. 사랑받고 싶은 마음일 뿐입니다. 두 사람 모두 정신치료를 통해 정서적 문제를 돌이켜보는 기회를 얻기 바랍니다. 각자의 문제를 이해하고 극복한 뒤 다시 시작하는 것이 양쪽 모두에게 바람직합니다.

16

애들한테
화를 많이 내고,
모든 일에
자신감이 없어요

Question

전 5세 된 딸아이와 18개월 된 아들을 둔 주부입니다. 원래 성격이 좀 내성적이고 예민하긴 합니다. 요즘 들어 신경 쓰는 일이 있으면 머리가 아프고 가슴이 두근거려서 진정이 안 됩니다. 괜히 애들한테 소리 지르고, 짜증 내고, 화내고, 매도 듭니다. '내가 왜 이러지?' 하면서도 자제가 안 돼요.

신랑 성격은 매우 급한 데다 욱하는 성격이라 애들을 무지 혼냅니다. 제가 조금이라도 혼내면 신랑이 달래는 게 아니라 오히려 더 짜증 내고 화를 냅니다. 그래서 신랑 앞에서는 애들한테 절대로 화내지 않고 참다가 나중에 폭발합니다.

최근 들어선 모든 일이 다 귀찮습니다. TV에만 푹 빠져 삽니다. 어떨 땐 애들도 다 귀찮네요. 사람들 만나는 것도 두렵고, 괜히 뒤처지는 것 같고, 그냥 모든 부분에서 자신이 없어요.

사실 공부를 못해서 대학을 못 갔거든요. 대학 못 나온 걸 두고 남이 흉볼 것 같아 뭔지 모를 소외감을 느끼고 의기소침해집니다. 혼자만 못난 것 같습니다. 사람들과 대화하다 보면 저 공부 못한 거 티가 날 것 같고요. 아무튼, 모든 일에 자신이 없네요. 제가 무슨 문제가 있는 거지요?

Answer

정신건강이란 자존감이 자란 상태입니다. 자기 자신에 대한 긍지가 자란 상태를 말합니다. 자신에 대한 긍지가 자라지 않으면 열등감이 자리를 잡게 됩니다. 성장 과정에서 자존감이 자라지 못하고 열등감 속에 살다가 불만이 생기면 그 불만을 사랑하는 자식에게 옮길 수 있습니다. 타인에게 화를 옮기지 않는 것이 정신건강입니다.

인간의 '성격 형성에 관한 이론personality theory'에 크게 이바지한 오스트리아 출신 심리학자 알프레드 아들러는 모든 사람은 아주 어린 시절부터 열등감에 시달린다고 단언하였습니다. 모든 사람이 그 문제 때문에 고통받고 이겨내기 위해서 애를 쓴다는 것입니다.

느닷없이 화가 치밀어올 때는 조용히 자기의 마음을 바라보는 습관을 만들어보세요. 화의 뿌리가 무엇인지 관찰해보기 바랍니다. 그것이 요즈음 유행하는 '마음 챙김mindfulness'입니다. 마음을 어떻게 잘 챙기라는 뜻이 아닙니다. 마음을 '잡아두는 것'이 아니고 '놓아버리려고 애쓰는 것'도 아니며 그냥 '지켜보는 것'입니다. 마음속에 떠오르는 생각이나 느낌을 아무 판단도 하지 말고, 그냥 지켜보는 훈련입니다. 자각하라는 뜻입니다.

자각하라는 것은 마음에 떠오르는 것을 잘 챙겨서 마음속에 꼭 넣어두라는 뜻도, 어떻게 해결하라는 뜻도 아닙니다. 그저 바라보라는 뜻입니다. 모든 잡념이나 생각은 붙잡지 않으면 흘러가버립니다. 이것이 명상meditation의 요체입니다.

맑은 하늘에 구름이 끼면 그 구름을 없애려고 하면 안 됩니다. 가만히 지켜보기만 하면 됩니다. 잡으려고 하지 말고 없애려고도 하지 않으면, 그 구름은 시간이 지나면 그냥 흘러가버립니다.

지금 감정조절이 안 되는 것은 대부분 과거 성장 과정에서 채워지지 않은 것에 대한 불만이지 현재 상황이 아닙니다. 지난 과거에 대해 집착한다고 이루어지지 않습니다. 현실에서 채울 수 없는 것은 포기해야 합니다. 지금 이룰 수 없는 것을 기대하니 현재 상황에 충족이 되지 않는 겁니다. 충족이 되지 않으니 화가 나고, 그 화를 해소하지 못하고 폭발하거나 억압하면 우울증이나 공포심으로 진행되는 겁니다. 또한 만사가 귀찮아지고 살아가는 재미가 없어집니다. 무엇보다 자신의 울분을 사랑하는 자녀에게 옮길 수 있다는 것을 깨달아야 합니다.

남편에게도 문제가 있는 것 같습니다. 자신의 감정을 조절할 능력이 부족한 것 같아요. 말씀하신 내용으로 보아선 아마도 성장 과정에서 건강하게 자라지 못했기 때문에 사랑하는 자식과 아내에게 화만 내는 상태인 것 같습니다. 그러나 지금은 남편의 문제점과 자신의 문제점을 분리해서 자신의 문제를 먼저 해결하는 데 열중해야 합니다. 남편을 변화시키거나 남편과 타협할 수 있는 자신의 힘을 키워야 합니다. 자신의 문제를 먼저 해결한 뒤에 남편의 정서적 장애를 돕는 데 힘을 보탤 수 있기를 바랍니다. 궁극적으로 자녀들을 위해서는 남편과 힘을 합쳐야 합니다. 부부 사이에 갈등이 생겼을 때 잘잘못을 따져봐야 관계만 악화될 뿐입니다. 각자의 문제를 분리해서 해결해나가길 바랍니다.

또 자랄 때 관심을 받지 못하고, 대학 진학도 못해 대인관계에서 열등감에 빠져 있다고 말씀하셨습니다. 자신의 못난 점과 부족한 점을 스스로 인정하고 받아들이는 것이 정신건강입니다. 그럴수록 오히려 남들이 더 존중해

줍니다. 숨기려고 하면 더욱 드러날 뿐입니다. 그러나 지금은 자신이 남편과 자녀들에게 없어서는 안 될 귀중한 존재라는 걸 알아야 합니다. 혼자 힘으로 어려우면 우선 단기 정신치료를 받아서 극복하길 바랍니다. 정신건강이란 현재 자기가 할 수 있는 일을 하는 것입니다.

17

안면홍조와
무대 공포증 증상이
있습니다

Question

여러 사람이 모인 데서 발표하거나 노래를 부르면 너무나 떨립니다. 갑자기 얼굴이 빨개지면서 목소리마저 떨립니다. 소위 말해 무대 공포증 증상이 있습니다. 또 남 앞에서는 손이 떨려 글씨를 잘 쓸 수가 없습니다. 어떻게 치료하면 될까요?

Answer

일반적으로 귀하와 같은 증상을 가진 경우 여러 가지 이름으로 불립니다. 사회 공포증으로 불리기도 하고 안면 홍조증, 시선 공포증, 무대 공포증, 적면 공포증이라고도 합니다. 대개 그 원인은 정서적 위축에서 비롯됩니다. 성장 과정에서 기가 꺾이거나 주눅이 들어 생기는 증상입니다.

미국의 저명한 정신과 의사인 제롬 프랑크는 '모든 정신장애는 기가 죽어서 온다(위축감)'라고 하였습니다. 사람에 따라 정도의 차이가 있을 뿐 위축감은 모든 인간에게 보편적으로 있는 현상입니다. 성장 과정에서 양육자로부터 충분히 존중받은 예도 있고, 심하게 위축되는 예도 있고, 활발하게 자기주장을 마음 놓고 하는 예도 있습니다.

지금이라도 치료를 위해서는 자기 마음이 위축되어 있다는 사실을 먼저 받아들이는 것이 중요합니다. 그다음 자신이 할 수 있는 주장부터 해나가는 연습을 쌓아가야 합니다. 궁극적으로는 그러한 위축도 남으로부터 사랑받고 인정받고 싶은 마음에서 비롯됩니다. 정신의학 분야에서 말하는 '의존적 애정 욕구' '사랑받고 싶은 마음'과 관계가 있습니다.

인간의 고통은 남으로부터 사랑(인정)받고자 하는 욕구에서 옵니다. 정신건강을 도모하기 위해선 인정받고 싶은 욕구를 줄여나가야 합니다. 지속적인 노력이 필요한 일이지요. 그렇게 되면 결과적으로 남으로부터 존경과 인정을 받고, 무대 공포증과 같은 증상으로부터 해방될 수 있습니다. 정신치료와 더불어 약물치료를 함께할 때 효과가 좋습니다.

간혹 며칠 내에 무대에 서거나 상사 앞에서 브리핑을 해야 하는 경우가 있습니다. 그럴 땐 시간이 촉박하므로 우선 약물 처방을 받아 치료해야 합니다. 인데놀과 자낙스 등 상당히 효과가 있는 약물들이 개발되어 있습니다. 사전에 먹어보고 자기에게 알맞은 용량을 정한 후, 적당한 시간에 맞춰 복용하면 됩니다.

18

전혀
기억이 나질
않습니다

Question

저는 30세 남자이고 취업 준비생입니다. 얼마 전 자살 기도를 했는데 미수에 그쳤습니다. 혼수상태로 하루 정도 있다가 깨어나서 지금은 나름 건강히 살아가고 있습니다. 그런데 사고 전날을 포함해 4~5일 정도가 기억이 나질 않습니다. 병원에 일주일 입원해 있었는데, 어렴풋이 간호사 선생님을 본 기억은 납니다. 지인들이 병실을 찾아와 이야기를 나누기도 했다는데 기억이 없네요. 자연스레 기억이 돌아올 거라 믿었는데 지금껏 아무런 기억이 나질 않습니다. 퇴원할 때 신경내과 선생님이 정신과 치료를 받으라고 하더군요. 어쩌다 보니 한 번도 치료받지 않고 지금에 이르렀습니다.

요즘 들어 다시 안 좋은 생각이 듭니다. 사고 후의 생활을 돌이켜보니 전보다 소심하고 나약해진 것 같기도 합니다. 원래 술을 좋아해서 자주 마시는데, 전에 없던 폭력적인 주사도 생겼습니다. 또 잠을 깊게 자지 못합니다.

제일 중요한 건 사고 당시 제가 스스로 목숨을 끊으려고 했다는 것과 어떤 행동을 했는지 전혀 기억이

나질 않는다는 겁니다. 애인과 싸워서 약간 흥분 상태였던 거 같긴 합니다. 기억을 돌이킬 방법이 없을까요? 사고 전날의 기억도 없습니다. 왜 그런지 답변 좀 해주세요. 여태껏 정신적으로 상당히 강하다고 느끼며 살아왔습니다. 갑작스러운 사고 이후 변해가는 절 보면서 답답합니다.

지금 저에게 가장 필요한 게 무엇일까요?

● **Answer**

현재 귀하에게 가장 필요한 것은 정신과 상담을 받는 일입니다. 기억장애는 신경학적으로 뇌에 산소 공급이 중단되는 등 뇌의 기질적 변화로 생기는 증상입니다. 뇌 손상 정도에 따라 기억장애 정도가 좌우됩니다.

당시 사건과 관련된 기억은 신체적 변화입니다. 귀하가 기억을 회상하려고 노력한다고 해서 기억이 살아나는 것은 아닙니다. 귀하가 노력해서 얻을 수 있는 작업을 해야 합니다. 왜 자살하려 했는지 기억나지 않으면, 사고 전 귀하의 감정을 정리하고, 현재 자신의 감정을 이해하는 노력을 기울이면 됩니다. 현재 폭력적 주사(술버릇)는 왜 그러는지, 이것은 자각이 가능한 부분입니다.

기억나지 않는 부분의 기억 회상에 매달리는 것은 지금 현재 자신의 감정을 외면한다는 뜻입니다. 또한 자살 기도 전 자신의 감정을 회피하고 있는 것입니다. 다시 말하면, 기억이 안 나는 부분을 억지로 회상하는데 몰두하지 말고, 자살 기도 전 평소 자신의 감정 상태와 애인에 대한 느낌, 그리고 현재 자기의 감정 상태를 살피면 충분히 자기 마음을 이해할 수 있습니다.

자신의 감정을 보지 않고, 오로지 기억나지 않는다는 것에 매달려 있는 것은 자신의 감정을 억압하는 일입니다. 치료자의 도움을 받아 현재 자신의 감정을 받아들여야 합니다. 그게 바로 정신건강입니다. 술을 자주 마시고 폭력적인 주사를 부리는 것도 마음속에 적개심이 억압되어 있다는 증거입니다. 귀하의 모든 문제는 감정을 억압하는 데서 발생하는 것으로 보입니다. 부디 기억나지 않는 부분에 매달리는 것을 멈추기 바랍니다. 음주 후 왜 폭력적인 행동을 하는지부터 먼저 점검하는 것이 훨씬 쉽고 바람직한 결과를 기대할 수 있습니다.

19

어디서부터
어떻게
시작해야 할지
모르겠습니다

● Question

먼저 신체적인 증상은 간헐적으로 가슴이 답답하고, 모든 혈관이 터질 것 같습니다. 땀이 비오듯 쏟아지고 신경이 예민해집니다. 이런 증상이 있을 때면 피곤한데 잠을 제대로 잘 수 없습니다. 누워도 앉아도 가슴이 답답해 고통스럽습니다. 증상이 사라진다고 해서 몸 상태가 바로 좋아지는 것도 아닙니다. 풍선에 바람 빠진 듯 맥이 없고, 온종일 기운이 없습니다.

지금 겪는 증상은 몇 년 전에 일시적으로 경험한 적이 있습니다. 혹시나 공황장애가 아닐까 싶어 정신과 상담을 받았는데, 공황장애는 아니더라고요. 일단 맘을 편하게 가져보라며 병원에서 약을 주었는데, 약을 먹지 않고도 괜찮아졌습니다.

저는 결혼한 지는 10년 됐고 아이가 한 명 있는 주부입니다. 최근 남편과의 사이에도 문제가 좀 있습니다. 저희는 성관계가 없는 부부입니다. 단순한 성생활의 문제라고 묻어버리고 살기엔 스트레스가 많습니다. 남편은 전문직으로 자기 일에만 몰두하는 스타일이라 집에 잘 없습니다. 늘 아이와 둘이서 시간을 보내는데, 그 시간이 너무 무의미하다는 생각이 듭니다.

그러다 보니 너무 우울하고 사는 재미마저 없습니다. 남편과 이 문제로 대화도 많이 하고 서로 노력해보자고 하지만, 남편의 신체적인 상황도 잘 받쳐주지 않는 것 같습니다. 이런 일로 이혼까지 생각하기에는 아이에게 너무 미안합니다.

하지만 지금으로서는 의욕도 없고, 살도 점점 찌고, 매사에 자신감이 없으니 모든 것이 답답할 따름입니다. 무엇보다 처음에 말한 신체적인 증상 때문에 더 힘이 듭니다. 증상이 계속되는 건 아닙니다. 약간 불안한 마음이 들기 시작하면 걷잡을 수가 없어요. 숨도 잘 안 쉬어지는 것 같고요. 심혈관에는 문제가 없다고 합니다.

남편과 이혼할지 같이 살지 고민이 많습니다. 무엇보다 스스로 독립적인 자아를 찾고 싶어요. 그러려면 이런 신체적인 증상이 없어져야 할 것 같습니다. 남편이랑 말을 안 섞다가도 숨도 못 쉴 것 같은 날엔 남편에게 의지하게 되거든요.

Answer

증상 백화점이라고 할 정도로 정신적이고 신체적인 다양한 내용의 불편함이 있으시군요. '어디서부터 어떻게 시작해야 할지 모르겠습니다'라고 제목을 단 이유가 이해됩니다. 치료자는 치료 초기에 환자와 함께 다양한 환자의 문제점을 정리하는 능력이 있어야 합니다. 치료자는 물론 본인 또한 어느 것부터 치료해나가야 할지 막막한 기분이 들 것입니다. 그러나 실제 생활에서 이런 일을 겪는 분들이 많습니다. 나의 문제점을 정신과에서 치료할 수 있을까 의문을 가지고, 진료실 방문도 장기간 미루다가 도저히 견디기 힘들어 떠밀리다시피 전문가를 찾습니다.

우선 몇 가지 중요한 점들을 짚고자 합니다. 실제 환자들은 다양한 신체 증상과 여러 가지 정신 증상으로 내원하는 일이 대부분입니다. 경험이 많고 유능한 정신과 의사는 이런 증상들을 효과적으로 정리하고 단순화시킵니다. 달리 말해 유능한 전문가라면 환자와 더불어 환자의 증상과 고통의 뿌리를 찾아내고, 거기에서 파생되는 지엽적인 문제들을 정리합니다. 환자가 가진 복잡한 실타래를 능히 풀어나갈 때 환자는 희망을 느끼면서 치료를 받게 됩니다.

우선 귀하의 문제를 요약해보면 첫째, 불안 증상입니다. 우울 증상과 공황장애 증상도 보입니다. 둘째, 남편의 정서적 장애 문제 또한 심각한 수준으로 보입니다. 셋째 부부 사이의 문제입니다. 젊은 부부 사이임에도 성관계가 없는 상태라고 하였는데, 구체적으로 드러내지는 않았지만, 남편의 신체적인 문제도 있는 것 같군요. 다분히 남편의 우울증과 신체 상태 등으로 인한 성적 능력의 문제로 성관계가 없는 상태인지, 아니면 다른 문제가 있는지 명확히 구분해야 합니다. 이혼 생각도 성관계 불만 때문인지 아니면 다른 이유가 있는 건지 살펴야 합니다.

우선은 자신의 감정을 분명하게 정리하는 게 필요합니다. 자신의 불안과 무기력과 관련해서 개인 치료를 받고, 남편의 우울증 문제는 분리해서 남편이 상담을 받기를 권합니다. 성관계 없는 것과 관련해서는 부부치료를 통해 대화하도록 정리하는 것이 좋겠습니다.

● 상담 후기

이 여성이 온라인 상담을 의뢰할 당시에는 제목에서처럼 '어디서부터 어떻게 시작해야 할지 모를 정도로' 다양한 신체 증상과 더불어 우울, 불안 등 심리 증상을 함께 호소하였습니다. 이에 대한 답을 올리기 전에 이 여성은 내원하였고 상담을 받은 후에 자신의 소감을 다시 게시판에 올렸습니다. 마음이 한결 가벼워졌고 자신의 문제를 해결해나갈 자신감이 생겼다고 했습니다. 자신의 증상의 뿌리를 이해하게 된 것이지요. 그렇게 되면 치료는 단순해집니다.

이 여성의 정서적 문제의 뿌리는 어머니에 대한 울분이었습니다. 짜증과 신경질이 많은 어머니 밑에서 비난과 질책 속에서 자랐고 그러한 울분이 억압되어 다양한 심리적 증상을 유발했습니다. 안타깝게도 이 증상이 잘 해결되지 않아 신체적 고통이 동반된 것입니다. 지금은 과거에 생겼던 감정을 표현하고 자각하면서 자기를 괴롭혔던 어머니는 사라졌습니다. 울분이 해소된 것이지요. 정신치료란 다양한 증상의 뿌리를 이해하고 이를 단순화시켜 해결해가는 과정입니다. 그러니 머뭇거리지 말고 용기내어 정신과 전문의의 도움을 받으시길 바랍니다.

20

담당 의사에게 자꾸 화가 나요

● Question

저는 40대이고 결혼한 주부입니다. 평소 대인관계에서 질투심이 많고 상대가 나를 무시한다는 느낌이 들면 매우 예민해집니다. 얼마 전 친구의 권유로 상담치료를 시작했습니다. 그런데 치료자의 말에 자꾸 화가 올라옵니다. 오히려 치료에 방해가 되는 거 같아 치료를 중단할까 생각 중입니다. 괜찮을까요? 선생님의 고견을 듣고 싶습니다.

● Answer

상담치료 과정에서 치유가 되는 필수 조건이 있습니다. 하나의 대원칙이기도 한 그것은 내담자가 마음에 떠오르는 감정을 자유롭게 표현해야 한다는 것입니다. 그 이유로는 첫째, 마음에 불만이 생기고 화가 난다는 것은 아주 좋은 기회이기 때문입니다. 예를 들어 부모와의 관계에서 화가 날 때 마음 놓고 표현하면 부모가 알아차리게 됩니다. 해결할 수 있는 계기가 되는 거예요. 그런데 말하지 않고 억압하게 되면 정신장애가 생기게 됩니다. 그러니 치료자에게 화나는 감정이 생긴다는 것은 마음속 억압이 조금씩 풀려 감정이 살아난다는 증거입니다. 상담치료가 효과적으로 진행될 가능성이 커지는 겁니다. 둘째, 화나는 마음을 적극적으로 표현하세요. 정신장애에서 벗어나는 첫걸음이며 모든 대인관계의 토대가 됩니다. 마음속에 일어나는 불만을 말로 풀어나가다 보면 자신의 감정을 조절할 수 있게 됩니다. 요즘 감정조절이 안 되어 내원하는 내담자가 매우 많습니다. 폭발하지 않고 말로 해결해나가는 일은 건강한 인격의 기본이 됩니다. 그런 훈련이 쌓이면 감정을 조절하는 힘이 생기고 정신이 건강해집니다. 셋째, 불만을 치료자에게 이야기하면 치료자의 대답을 들을 수 있게 됩니다. 만약 내가 오해한 것이라면 곧 자신의 왜곡된 감정을 알아차리게 됩니다. 그것을 정신치료 과정에서는 '통찰insight이 생긴다'고 말합니다.

저에게 상담받던 내담자의 이야기를 들려드릴게요. 내담자가 어느 날 갑자기 어렵게 불만을 드러낸 적이 있습니다. 상담치료는 보통 45분 상담하고 15분 쉰 뒤 그다음 환자와 상담을 하게 되어 있습니다. 그날은 저에게 사정이 생겨 부득이하게 10분 늦게 시작했습니다. 다음 내담자가 보기엔 '앞 내담자를 더 사랑하기 때문에 늦게까지 상담을 해주는구나' 하고 불만을 품게 되었던 것입니다. 그래서 당시 사정이 생겨 상담이 늦게 시작되었다고 설명해주었습니다. 그제야 내담자의 기분이 풀어졌습니다. 한편 저는 내담자의 불만을 듣고 내담자에게 무엇이 문제인지 깨닫게 되었습니다. 그 내담자는 여러 자매 중에 둘째로서 항상 소외감과 질투심에 사로잡혀 살았다는 걸 알게 되었습니다. 둘째라서 항상 언니 옷을 물려받고, 셋째는 두 번 물려줄 수 없으니 새 옷을 사서 입혔다고 했습니다. 그러한 소외감과 예민함이 대인관계에서 항상 걸림돌이 되었다고 하더군요.

이처럼 내담자가 자신의 불만을 상대나 치료자에게 표현하면 치료가 한층 더 빨리 진행됩니다. 물론 치료자가 잘못했다면 사과를 받으면 됩니다. 자신의 문제와 치료자의 문제를 분리해서 내가 오해하거나 민감한 부분을 치료하면 됩니다. 결론적으로 상담 과정에서는 무엇이든지 표현하는 게 바람직합니다. 표현하는 자체가 이미 치료가 시작되었음을 보여주는 것이며 자신의 문제를 더욱 깊이 깨닫는 계기가 됩니다.

아직도
정신과 앞에서
머뭇거리는
당신에게

초판 1쇄 인쇄 2024년 4월 18일
초판 1쇄 발행 2024년 4월 25일

지은이 허찬희
펴낸이 오혜영
교정교열 김단희
디자인 조성미
마케팅 한정원

펴낸곳 그래도봄
출판등록 제2021-000137호
주소 04051 서울 마포구 신촌로 2길 19, 316호
전화 070-8691-0072
팩스 02-6442-0875
이메일 book@gbom.kr
홈페이지 www.gbom.kr
블로그 blog.naver.com/graedobom
인스타그램 @graedobom.pub

ISBN 979-11-92410-30-2 03180